中国农业风险管理发展报告 2023

中国农业风险管理研究会　编

中国农业出版社

北　京

图书在版编目（CIP）数据

中国农业风险管理发展报告 . 2023 / 中国农业风险
管理研究会编 . —北京：中国农业出版社，2023.11
ISBN 978-7-109-31444-3

Ⅰ.①中⋯　Ⅱ.①中⋯　Ⅲ.①农业管理－风险管理－
研究报告－中国－2023　Ⅳ.①F324

中国国家版本馆 CIP 数据核字（2023）第 211259 号

中国农业出版社出版

地址：北京市朝阳区麦子店街 18 号楼
邮编：100125
策划编辑：贾　彬　　责任编辑：张雪娇
文字编辑：张丽四　贾　彬　张雪娇　卫晋津　李　辉
版式设计：杨　婧　　责任校对：吴丽婷
印刷：北京中兴印刷有限公司
版次：2023 年 11 月第 1 版
印次：2023 年 11 月北京第 1 次印刷
发行：新华书店北京发行所
开本：700mm×1000mm　1/16
印张：13
字数：200 千字
定价：48.00 元

版权所有·侵权必究

《中国农业风险管理发展报告》
编辑委员会

前　言

　　世界之变、时代之变、历史之变正以前所未有的方式展开，新一轮科技革命和产业变革深入推进，新冠疫情影响深远，逆全球化思潮抬头，单边主义、保护主义明显上升，国际力量对比深刻调整。中华民族伟大复兴的战略全局和世界百年未有之大变局同步交织、相互激荡，社会主要矛盾变化带来新要求，错综复杂的国际环境带来新挑战。我国发展进入战略机遇和风险并存、不确定难预料因素增多的时期，各种"黑天鹅""灰犀牛"事件都可能影响经济发展和社会稳定。统筹发展和安全是以习近平同志为核心的党中央立足于新发展阶段国际国内新形势新情况所提出的重大战略思想，是习近平新时代中国特色社会主义思想的重要内容。习近平总书记多次强调，面对各类风险挑战，我们必须增强忧患意识，坚持底线思维，居安思危、未雨绸缪，时刻保持箭在弦上的备战姿态，下好先手棋，打好主动仗，对各种风险见之于未萌、化之于未发，坚决防范各种风险失控蔓延，坚决防范系统性风险。

农业是安天下、稳民心的战略产业，也是典型的风险产业。党的二十大擘画了全面建设社会主义现代化国家的宏伟蓝图，并首次提出加快建设农业强国。建设中国特色的农业强国是一项伟大而艰巨的事业，提高应对风险的能力，增强发展的韧性，是建设农业强国的重要内容。在复杂多变的国际形势下，发展重要，生存重要，安全也重要，这决定了农业风险管理事关重大，既要关注自然灾害、动植物疫情等传统农业风险，也要关注农产品质量、价格波动、贸易摩擦、生物安全等非传统农业风险，还需要警惕公共卫生、地缘冲突等突发事件的传导影响，提高各种农业风险的处置能力，确保粮食等重要农产品产业链安全。经过多年努力，我国农业风险管理制度不断健全，政策体系逐步完善，农业风险管理事业有了长足发展。与此同时，也要清醒地认识到，面对突如其来的新冠疫情带来的挑战和冲击，面对建设农业强国和全面推进乡村振兴的重大战略任务，农业风险管理仍然是"三农"工作的短板，加强农业风险管理不仅十分必要，而且十分紧迫。

《中国农业风险管理发展报告 2023》是由中国农业风险管理研究会、中华联合保险集团股份有限公司、农业农村部农村经济研究中心联合组织完成的。本报告分为形势分析篇、实践探索篇、附录三部分。其中，形势分析篇分析了 2022 年以来的农业风险特点和影响，介绍了农业风险管理的发展与创新，提出了健全农业风险管理体系的政策建议；实践探索篇从应对气候变化等 7 个方面挖掘部分农业保险经营企业、涉及风险管理的科技公司开展风险管理的实践，总结了他们的经验和做法；附录部分把 2022 年以来的中国农业风险管理大事做出概括，提供相关参考数据，收录国家有关部门发布的部分涉及农业风险管理的政策文件。在前两年报告的基础上，写作组广泛征求了相关方面意见，听取了原农业部副部长尹成杰、中国农业风险管理研究会会长张红宇、中华联合保险集团股份有限公司监事长董忠、中国农业风险管理研究会副秘书长杨久栋等领导的意见。华南农业大学经济管理学院教授谭砚文、全国农业技术推广服务中心处长朱景全、北京农学院经济管理学院教授刘芳、中国农业科学院农业信息研究所研究员徐磊、杭州师范大学教授傅昌銮、中国灾害防御协会灾害风险保障分会秘书长周文杰等为报告提出了很多建设性意见。本报告由农业农村部农村经济研究中心农业风险管理研究团队龙文军研究员、原瑞玲副研究员、包月红助理研究员、郭金秀助理研究员、聂赟彬助理研究员，西北农林科技大学硕士生唐彦龙，中国农业大学硕士生谢灵蕴和贾天明等共同撰写完成。

　　《中国农业风险管理发展报告》旨在为健全中国农业风险管理体系提供决策参考，为广大从事农业风险管理研究的人员提供借鉴，为地方政府和相关企业提供案例实践，从 2021 年起成为年度报告。本报告在写作过程中收集和借鉴了许多专家、学者的优秀成果，由于研究体系还在不断完善中，难免出现纰漏，欢迎各位同仁和广大读者批评赐教。

中国农业风险管理研究会

2023 年 10 月

目　　录

前言

形势分析篇

实践探索篇

形势分析篇

一、2022—2023年农业风险总体特点

2022年是实施"十四五"规划承上启下之年，也是乡村振兴全面展开的关键之年。各地各部门坚持稳中求进工作总基调，立足新发展阶段、贯彻新发展理念、构建新发展格局、推动高质量发展，坚持党对"三农"工作的全面领导，牢牢守住保障国家粮食安全和不发生规模性返贫两条底线，推动乡村振兴取得新进展、农业农村现代化迈出新步伐。同时也要看到，世界经济复苏脆弱，自然灾害、地区冲突等对全球粮食和重要农产品生产及贸易带来巨大影响，农业农村发展仍面临多重挑战。

（一）气象灾害水平总体偏低

2022年以来，全国气象灾害水平总体偏低，同期相比农作物受灾面积减少6.4%，但局地气候异常凸显，灾情呈现"北重南轻、东重西轻"态势，黄淮罕见"烂场雨"、华北东北局地严重洪涝对农业生产造成不利影响。2022年全国气象灾害造成农作物受灾面积1 206.8万公顷，死亡失踪296人，直接经济损失为2 147.5亿元。其中，干旱受灾面积占总受灾面积的50%，暴雨洪涝占35%，风雹灾害占11%，低温冷冻害和雪灾占3%，台风灾害占1%。2023年前三季度，我国气象灾害以洪涝、风雹、干旱、台风、低温冷冻害和雪灾等为主，各种自然灾害共造成8 911.8万人次不同程度受灾，因灾死亡失踪499人，农作物受灾面积971.5万公顷，分别比上年同期减少16.7%、5.0%和16.4%。2023年5月底至6月初，

河南、陕西等地出现近 10 年最严重"烂场雨",受灾面积 186 万公顷,导致河南小麦减产 26.3 亿千克,陕西小麦减产 1.2 亿千克。2023 年 7 月和 8 月,相继遭受"杜苏芮"超强台风、海河流域性特大洪水、松辽流域严重汛情等重大灾害,京津冀等地启用多个蓄滞洪区,黑龙江、吉林部分农田受淹,基础设施损毁严重,造成了重大人员伤亡和财产损失,与近 5 年同期相比,华北、东北等地灾情偏重发生。

(二) 市场风险明显加大

受极端天气多发、贸易保护主义抬头和地缘政治动荡等多重因素叠加影响,国内外农产品市场复杂多变,价格波动剧烈,农业市场风险明显加大,对农业生产和农民收益造成了明显影响。2022 年联合国粮农组织(FAO)全球食品价格指数达 143.7(2014—2016 年为 100),创 1990 年编制指数以来全年食品价格指数最高值。2023 年以来,受东南亚干旱预期和印度出口禁令等因素影响,国际大米价格创近 15 年来新高。受国际农产品价格大幅波动影响,国内主要产品价格波动也较为明显,如普通小麦 2022 年年均收购价为每千克 3.12 元,与上年相比增长 19.6%,其中 3 月达每千克 3.24 元,创历史高位。农产品价格波动既影响农民收入,也给农业生产带来较大风险。以生猪为例,2022 年集贸市场猪肉年均价为 30.72 元/千克,比上年下跌 8.7%,2023 年 1—7 月,猪肉价格持续低位运行,出栏一头生猪亏损约 130 元,对养殖户的收益和养殖积极性造成明显影响。

(三) 国际局势和地缘政治影响明显

2022 年不断升级的乌克兰危机拉响全球粮食安全警报,不仅给俄罗斯、乌克兰两国粮食生产、出口带来了重创,还引发了全球粮食、能源、农资价格飙升，供应链断裂，造成粮食生产格局加速改变。俄罗斯和乌克兰都是全球粮食生产与出口大国，在全球粮食供给系统和粮食安全体系中具有举足轻重的地位。全世界 30% 的小麦、20% 的玉米、80% 的葵花籽油均来自俄罗斯和乌克兰。乌克兰危机爆发以来，供应链阻断及俄欧之间围绕能源贸易的制裁与反制措施导致世界能源、粮食等商品价格在短期内飙升，引发全球粮食生产格局明显调整。据美国农业部（USDA）统计，2022 年乌克兰小麦、玉米产量分别为 2.2 亿吨、2.7 亿吨，分别比上年下降34.9%、35.9%。贸易方面，2022 年乌克兰小麦、玉米出口量分别为 1 712 万吨、2 700 万吨，分别比上年下降 9.1% 和增长 0.1%。

二、2022—2023 年农业重大风险及影响

2022 年以来，我国农业风险主要体现在气象灾害风险、市场风险、植物病虫害风险、动物疫病风险、农产品质量安全风险、生物安全风险及非传统农业风险 7 个方面。

(一) 气象灾害风险

农业气象灾害风险是由于气候条件的异常变化所引发的农业风险，包括干旱、洪涝、台风、暴雨、大风、冰雹、雷电、高温、低温、冰雪、霜冻等。

我国幅员辽阔，跨经纬度广，是典型的季风气候国家，气候种类多，区域差异大。在全球气候变暖背景下，2022 年我国天气形势复杂，气候异常凸显，极端事件多发，气象灾害频现，主要以洪涝、干旱、风雹为主，台风、低温冷冻害和雪灾、沙尘暴、森林草原火灾和海洋灾害等也有不同程度发生，农业生产受到不同程度影响。应急管理部统计数据显示，2022 年全国气象灾害造成农作物受灾面积 1 206.8 万公顷，死亡失踪 296 人，直接经济损失达 2 147.5 亿元。国家气候中心数据显示，干旱受灾面积占气象灾害总受灾面积的 50%，暴雨洪涝占 35%，风雹灾害占 11%，低温冷冻害和雪灾占 3%，台风灾害占 1%（图 1）。2023 年前三季度，我国自然灾害形势总体平稳，以洪涝、风雹、干旱、台风、低温冷冻害和雪灾为主，地震、地质灾害、沙尘暴和森林草原火灾等也有不同程度发生，农作物受灾面积为 971.5 万公顷。

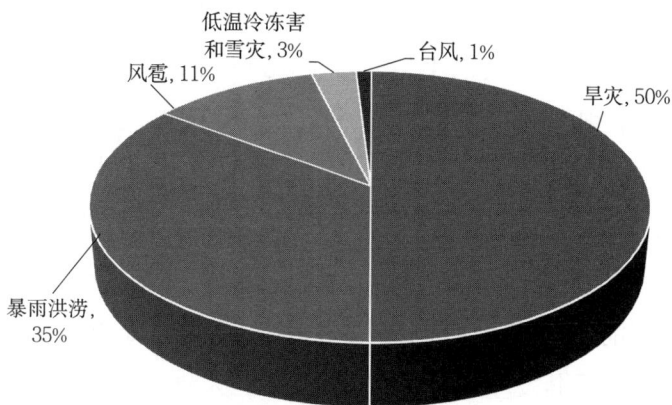

图1 2022年全国主要气象灾害受灾面积占总受灾面积比例

数据来源：国家气候中心。

1. 干旱

2022年，受副热带高压偏强偏大和拉尼娜现象等影响，我国平均气温偏高，旱情总体较重，区域性和阶段性干旱明显，全年相继发生。华东、华中等地出现阶段性春夏连旱，南方遭遇严重夏秋连旱，影响范围广、持续时间长、造成损失重。

华东、华中等地出现阶段性春夏连旱。2022年3月初，华东中北部、华中北部等地气象干旱持续发展。4—5月，由于温高雨少，华东中北部、华中北部等地气象干旱再次露头并发展。截至5月31日，黄淮及河北北部、甘肃南部等地存在中度及以上气象干旱，其中山东南部、河南中东部、江苏北部、安徽北部等地出现特旱。由于干旱持续时间较长，造成北方部分地区土壤墒情偏差，对农业生产造成一定影响，不利于小麦籽粒灌浆以及夏玉米、夏大豆等作物播种出苗和幼苗生长。

长江流域发生历史罕见夏秋冬连旱。2022年7月至11月上半月，长江中下游及川渝等地持续高温少雨，遭遇夏秋冬连旱，是有完整实测资料以来最严重的气象水文干旱，中旱及以上干旱达77天，较常年同期偏多54天，为1961年以来历史同期最多，过程最大影响面积达到 163 万平方千米。8 月 18 日，中央气象台与国家气候中心联合发布了气象干旱预警，这也是自 2013 年以来第二次启动气象干旱预警，预警时长共 90 天。持续的高温干旱对长江流域及其以南地区的水资源供给、能源供应、农业生产产生较大影响，江西、湖南等部分无灌溉条件的晚稻千粒重下降，对最终产量造成了一定影响。

2023 年前三季度，西南冬春连旱、华北和东北局部夏旱、西北地区伏秋旱相继发生。年初，西南地区大部降水量较常年同期明显偏少、气温偏高，云贵川渝等地旱情快速发展，造成局地山地丘陵区农业生产、城乡供水受到一定影响。5 月底至 7 月，华北、黄淮等地连续出现 8 次高温天气过程，多地高温突破历史极值，极端高温对农作物生长、电力供应、森林防火等造成不利影响。6 月中旬以来，内蒙古西部、宁夏、甘肃大部、青海东部等地降水和区域内河流来水量偏少，水库蓄水不足，部分地区人畜饮水和农业灌溉出现临时困难，农牧业生产受到一定影响。

总体来看，2022 年全国干旱灾情造成 5 245.2 万人次受灾，因旱需生活救助 758.5 万人次，农作物受灾面积 6 090.2 千公顷，直接经济损失 512.8 亿元。2023 年前三季度，干旱造成 2 012.2 万人次不同程度受灾，农作物受灾面积 318.7 万公顷，直接经济损失 197.1 亿元。

2. 暴雨洪涝

2022 年，我国共出现 38 次区域性暴雨过程，平均降水量 606.1 毫米，较常年偏少 5.0%，降水时空分布不均，阶段性变化明显。

珠江流域连续形成 2 次流域性较大洪水。2022 年 5 月 21 日至 6 月 21 日龙舟水期间，珠江流域出现 6 次强降雨过程，大部地区累计降水量超过 400 毫米，其中广西中北部、广东中北部、湖南南部和江西南部等地部分地区降水量达 600～900 毫米，广西桂林、柳州、贺州和广东清远、韶关等地降水量超过 900 毫米，广西桂林临桂区局地降水量达到 1 616 毫米。受强降雨影响，珠江流域逾 45 条河流超警戒水位，6 月 21 日，珠江防汛抗旱总指挥部将防汛应急响应提升至一级；广东、广西多地出现城乡积涝，给交通及农业生产等带来不利影响。

东北地区雨日多、雨量大，松辽流域现汛情。6—7 月，东北三省平均降水量为 1961 年以来历史同期第二多；吉林降水量和降水日数均为历史同期最多；辽宁降水量比常年同期偏多 70%，超过常年夏季降水总量，为近 30 年历史同期最多，降水日数排历史同期第二位。受强降雨影响，松辽流域有 40 条河流发生超警戒以上洪水。8 月初辽宁绕阳河盘锦段出现堤坝溃口，部分公路基础设施出现损毁或中断；吉林、辽宁部分低洼农田出现短时渍涝，加上日照时数偏少，一季稻、春玉米、大豆等农作物生长均受到不利影响。

四川、青海等局地短时强降雨致灾重。8 月中下旬，我国西部地区暴雨过程频繁、区域叠加，四川、青海、甘肃、陕西等地发生洪涝灾害。8 月 13 日，四川彭州龙槽沟附近受上游降水影响突发山洪，多人被洪水卷走。8 月 17 日夜间，青海省西宁市大通县出现短时强降雨，1 小时最大累计降水量达 40.6 毫米，暴雨引发山洪灾害，道路、桥梁、水利等基础设施受损严重，造成 27 人死亡、4 人失踪。

2023 年前三季度，全国共出现 35 次区域性暴雨过程，降水分布时空不均，全国主要江河径流总量较常年同期偏少，松花江、辽河偏多 20%～30%。5 月底至 6 月初，河南、陕西等出现大范围持续阴雨天气，与小麦成熟收获期叠加重合，"烂场雨"受灾面积 186 万公顷，导致河南小麦减产 26.3 亿千克，陕西减产 1.2 亿千克。受"杜苏芮"台风残留云系影响，7 月底至 8 月上旬，华北、东北相继出现极端暴雨天气，海河流域发生流域性特大洪水，松花江发生编号洪水，部分地区遭遇"旱涝急转"，京津冀等地多个蓄滞洪区启用，黑龙江、吉林部分农田受淹，基础设施损毁严重。

总体来看，2022 年洪涝灾害共造成 3 385.3 万人次受灾，因灾死亡失踪 171 人，直接经济损失 1 289 亿元。此外，全国共发生滑坡、崩塌、泥石流等地质灾害 5 659 起，以中小型为主，主要集中在中南、华南、西南等地。2023 年前三季度洪涝灾害共造成 5 190.4 万人次不同程度受灾，因灾死亡失踪 405 人，倒塌房屋 11.2 万间，直接经济损失 2 393 亿元。

3. 风雹灾害

2022 年，我国共出现 37 次区域性强对流天气过程，数量较近年均值偏少。据不完全统计，经灾害性天气调查证实的龙卷风达 25 次，其中中等强度以上达 11 次，与前三年均值持平。全国有 1 116 个县（市、区）遭受风雹灾害，主要分布在华北、西北和西南等地。从时间上看，主要集中在夏季。3 月 16—17 日，湖北省 10 市（州、直管市）26 县（市、区）遭受风雹灾害，全省国家站共 98 站次出现≥12 米/秒大风，29 站次出现≥17 米/秒大风，浠水极大风速 31.9 米/秒，恩施、襄阳、孝感、武汉、鄂州、黄冈、黄石等地局地出现冰雹。5 月 14 日，受短时强对流天气影响，黑龙江省哈尔滨市五常市出现龙卷风灾害。6 月 4 日，北京市通州区出现雷阵雨天气并伴有冰雹大风，局地出现 2~4 厘米冰雹。7 月 20—24 日，江苏盐城、连云港、宿迁、淮安、南通等地发生强对流天气，其中 7 月 20 日江苏及其近海地区出现 8~9 级雷暴大风，江苏泰州大桥站于 15 时 04 分记录到最强瞬时大风达 11 级，江苏中北部有 4 个龙卷风生成，其中 2 个达强龙卷风等级。7 月 27—29 日，内蒙古多地发生风雹灾害，其中呼和浩特、通辽、包头、乌兰察布、锡林郭勒 5 市（盟）9 个县（市、旗）4.2 万人受灾。

2023 年前三季度，全国共出现 33 次强对流天气过程，较近 5 年同期均值偏少。从时间分布看，强对流天气主要出现在春夏季，首次强对流天气过程出现在 3 月 22—26 日，强对流天气过程在春季出现 12 次、夏季出现 18 次、秋季出现 3 次。从区域分布看，全国共有 980 余个县（市、区）遭受风雹灾害影响，主要分布在华北、西北、西南和黄淮等地，北方地区集中在内蒙古、山西、陕西、新疆等地，南方地区集中在江苏、湖南、贵州、云南等地。6—9 月，江苏南通、盐城、宿迁等地龙卷风灾害共造成 14 人死亡。

总体上，2022 年风雹灾害较常年偏轻，共造成 930.6 万人次受灾，因灾死亡 88 人，直接经济损失 166.7 亿元。2023 年前三季度风雹灾害多点散发，共造成 577.3 万人次不同程度受灾，因灾死亡 53 人，农作物受灾面积 113.6 万公顷，直接经济损失 113.4 亿元。

4. 台风

2022 年，西北太平洋和南海共有 25 个台风生成，与常年基本持平，其中 4 个登陆我国，台风登陆个数少，登陆地点相对集中。全年 4 个登陆台风中有 3 个在广东登陆，第 12 号台风"梅花"在浙江舟山、上海奉贤、山东青岛和辽宁大连先后 4 次登陆，为 1949 年以来首个四次登陆我国大陆不同地区的台风。

首个登陆台风强度强。2022 年 7 月 2 日，台风"暹芭"在广东电白沿海登陆，登陆时中心附近最大风力有 12 级，是 2022 年首个登陆我国的台风。受"暹芭"影响，7 月 1 4 日广西东部、广东西部以及海南累计降水量超过 100 毫米，海南三亚（421.6 毫米）、广东连平（211.6 毫米），日降水量突破历史极值，广东省先后出现了 5 个陆地龙卷风和 2 个海上龙卷风。

"梅花"登陆次数多、强度大、影响范围广。2022 年 9 月 14—16 日，台风"梅花"先后登陆我国浙江、上海、山东和辽宁，是

1949年以来第三个4次登陆我国的台风，"梅花"4次登陆地点为不同省（市），是1949年以来首次。"梅花"在浙江舟山普陀登陆时强度为42米/秒，是2022年登陆我国的最强台风；"梅花"在上海奉贤登陆的强度为35米/秒，是1950年以来登陆上海的最强台风；"梅花"还是1949年以来最晚登陆山东、辽宁的台风，打破了1949年以来秋台风登陆地的最北纪录。受"梅花"影响，浙江绍兴、宁波、舟山及山东青岛、烟台等地部分地区累计降水量达250～500毫米，绍兴上虞和嵊州、宁波余姚局地达600～707毫米。

2023年前三季度，台风生成和登陆数均偏少，强台风影响范围广、损失较重。西北太平洋和南海共有14个台风生成，较多年同期均值偏少，其中4个登陆我国。7月17—18日，第4号台风"泰利"先后3次登陆广东、广西，是2023年首个登陆我国的台风，较常年初台登陆时间偏晚20天。7月28日，第5号台风"杜苏芮"在福建晋江沿海登陆，为中华人民共和国成立以来登陆福建第二强台风，福建、浙江等地出现严重城市内涝和山洪灾害；此外，其残留云系北上，对华北、东北地区造成重大影响。9月2日，第9号台风"苏拉"在广东珠海南部沿海登陆，造成广东、广西、福建、海南等地受灾。9月初，第11号台风"海葵"先后3次在我国登陆，残余云系持续盘旋在东南沿海，造成福建、江西、广东、广西等地受灾。

总的来看，2022年台风登陆个数少，登陆地点相对集中，台风灾害造成的直接经济损失54.2亿元，较常年偏轻。2023年前三季度，台风灾害共造成807.8万人次受灾，8人死亡失踪，直接经济损失324.8亿元，福建、广东两省受灾相对较重。

5. 低温冷冻害和雪灾

2022年，我国共发生35次冷空气过程（含寒潮过程11次），冷空气和寒潮过程均较常年偏多，其中寒潮过程偏多6次。2月，南方地区出现持续低温雨雪寡照天气，对农业、电力、交通造成不利影响；初春，北方暴雪南方暴雨影响大；秋末冬初，两次寒潮过程降温幅度大、影响范围广，多地出现低温冷冻害和雪灾。

2月南方出现持续低温寡照天气。2022年2月1—23日，南方地区多次出现低温雨雪天气过程，长江以南大部气温较常年同期偏低2～4℃，其中广东和广西大部、江西南部、湖南南部、贵州东南部等地偏低4～6℃；累计降水量较常年同期偏多50％至2倍以上；浙江、江西南部、湖南南部、贵州中南部、广东、广西和海南大部降水日数较常年同期偏多5～10天，日照时数偏少40％～80％，局部偏少80％以上。17—23日，南方大部地区雨雪交加且强度大、持续时间长，浙江大部、安徽南部、福建中部和北部、湖南大部、江西大部、广东东部、广西北部、云南东部、贵州东部等地有10～25毫米的降雪，局部25～50毫米，湖南、浙江、广西、福建、江西、贵州、云南、广东8省（自治区）区域平均过程降水量60.2毫米，平均过程降雪量14.2毫米，为1961年以来历史同期第二多，仅次于1964年。湖南中部、贵州西南部、云南东北部等地部分地区最大积雪深度有5～10厘米，贵州和湖南局部超过20厘米。持续低温雨雪寡照天气对南方地区农作物生长不利，对交通和电力也造成不利影响。

3月北方暴雪南方暴雨天气影响大。3月17—19日，我国中东部大部出现明显雨雪和降温天气，华北、黄淮、江淮、江汉大部地区日平均气温下降8～12℃，最低气温0℃线南压至山西中部、河北南部一带。河北尚义日降温（15.6℃）达到历史极端阈值，安徽淮南（12.2℃）、河北涿鹿（11.8℃）、湖北安陆（11.8℃）等7个国家级气象站日降温达到或超过极端阈值。17日，内蒙古、山西、河北、北京共有19站达到暴雪及以上级别，其中河北怀安单日降雪量（20.7毫米）超过20毫米；安徽石台日降水量158.3毫米，超过当季历史极大值。受强雨雪影响，安徽秋浦河殷家汇站和黄湓河雁塔站出现超警戒水位；安徽石台多处出现山洪、山体滑坡等现象，多处农作物、道路被淹；北方大部冬小麦处于返青起身期和拔节期，降水利于麦田增墒，对小麦返青起身和拔节生长有利。

寒潮导致多地剧烈降温。11 月 26—28 日、11 月 30 日至 12 月 1 日两次寒潮过程接连影响我国，其中 11 月 30 日至 12 月 1 日的寒潮过程为 2022 年最强。受寒潮影响，我国大部地区出现剧烈降温并伴有雨雪和大风天气，14℃以上降温范围占国土面积 50％以上（55％），局地降温超过 18℃。陕西、河南、湖北、安徽、江西、浙江、山东等多地出现降雪，安徽南部等局地有大雪，长江以南部分地区出现大到暴雨，浙江丽水和温州局地大暴雨，贵州、湖北、湖南等局地出现冻雨。此次寒潮低温天气对新疆、内蒙古等地的畜牧业以及多地设施农业造成不利影响。

2023 年前三季度，西部局地遭受低温冷冻害和雪灾，西藏林芝突发重大雪崩灾害。全国共遭受 8 次冷空气过程影响，较常年同期均值偏多。其中，3 次为全国型寒潮天气过程。4 月下旬至 5 月上旬，华北、西北等地多发冷空气过程，部分地区出现寒潮天气，局地大幅降温，山西、陕西、甘肃、宁夏、新疆等地灾情较重。1 月 17 日西藏林芝雪崩造成 28 人死亡，为我国近年来因灾死亡人数最多的一次雪崩灾害。

总体来看，2022 年低温冷冻和雪灾共造成 87.1 万公顷农作物受灾，直接经济损失 124.5 亿元。2023 年前三季度，低温冷冻害和雪灾共造成 302.8 万人次不同程度受灾，因灾死亡 30 人，农作物受灾面积 50.6 万公顷，直接经济损失 45.1 亿元。

（二）市场风险

农业市场风险是指由于市场因素的不确定性对农产品价值实现

造成影响的风险，主要源于市场供求失衡引发的价格变动。2022年农产品价格总体呈震荡上涨态势，受贸易冲击、自然灾害、金融投机和政策调整等综合因素影响，部分农产品价格呈现大幅波动现象。农产品价格波动影响农民收入，给农业生产带来较大风险。主要表现在以下三个方面。

1. 国际农产品市场价格波动向国内传导

我国加入世界贸易组织（WTO）以来，国内农产品市场逐步与国际接轨，国内外价格联动明显增强，国际农产品政策调整和价格波动对我国农产品价格产生传导效应，给农业生产带来波动风险，尤其是主要依靠进口的农产品，受国际农产品市场的影响更明显。据 FAO 数据，2022 年全球食品价格指数达 143.7（2014—2016 年为 100），较前一年上涨 14.3%，创 1990 年开始编制指数以来全年食品价格指数最高值。月度之间波动明显，其中最高值为 3 月的 159.7，最低值为 12 月的 131.8，分别比平均值高 11.2% 和低 8.3%。FAO 全球食品价格指数由谷物、植物油、乳制品、肉类、食糖 5 类商品价格指数加权平均数构成，分品种看，谷物和植物油的波动最为明显。谷物价格指数最高值为 5 月的 173.5，最低值为 1 月的 140.6，分别比平均值高 12.2% 和低 9.1%；植物油价格指数最高值为 3 月的 251.8，最低值为 12 月的 144.6，分别比平均值高 34.1% 和低 23.0%（图 2）。2023 年以来，受东南亚干旱预期和印度出口禁令等因素影响，国际大米价格创近 15 年来新高。受国际农产品价格大幅波动影响，国内主要产品价格波动也较为明显。2022 年普通小麦年均收购价为每千克 3.12 元，与上年相比增长 19.6%，其中 3 月达每千克 3.24 元，创历史高位。从具有代表性的食用植物油品种看，三级菜籽油、三级豆油出厂价比 2021 年分别上涨 16.7% 和 13.1%。

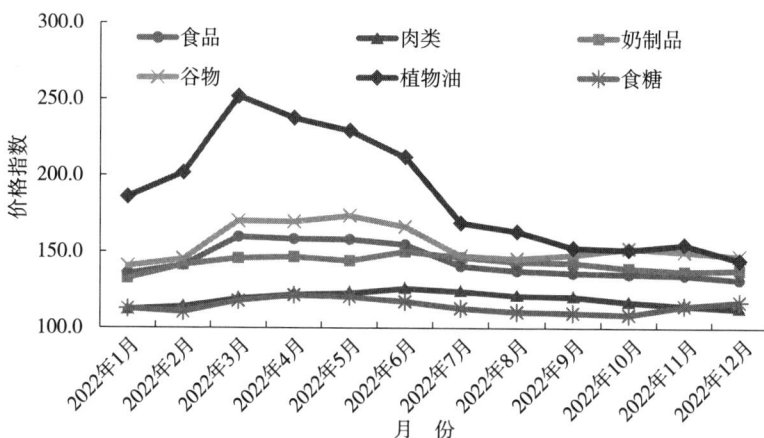

图 2　FAO 食品价格指数波动情况

2. 饲料价格波动对生猪生产效益造成影响

据农业农村部对 500 个县集贸市场价格监测数据，2022 年集贸市场猪肉年均价为 30.72 元/千克，比上年下跌 8.7%。从月度走势看，因年初猪肉消费增幅不及产量增幅，1 月猪肉价格环比下跌 5.9%，3 月环比大幅下跌 9.1%，4 月止跌企稳，环比略跌 0.2%，为 22.19 元/千克。5—11 月，受生猪出栏增速放缓、冻猪肉持续收储提振等因素影响，猪肉价格连续 7 个月上涨，涨至 11 月的 40.62 元/千克。其中，7 月环比大幅上涨 26.3%，同比开始高于上年同期，同比涨幅逐月扩大。11 月下旬，冻猪肉放储、生猪出栏量环比增加带动猪肉价格从高位回落。12 月受消费短期低迷、养殖户恐慌性出栏生猪等因素影响，猪肉价格大幅下跌至 35.92 元/千克（图 3），环比下跌 11.6%。生猪价格下降带动猪粮比价下降，据国家发展改革委数据，2022 年猪粮比价平均为 6.77∶1，比上年下降 0.79 个点。猪肉价格的剧烈波动，对养殖户收益和养殖积极性造成明显影响。据行业监测，4 月自繁自养养殖户出栏一头 120 千克的肥猪头均亏损 400 元左右，外购仔猪养殖户头均亏损已超过 180 元。全国能繁母猪存栏从 2021 年 6 月起连续 10 个月下降，2022年4月降至4 177万头，此后略有回升，2022年末达到4 390万头，比上年末增长1.4%。

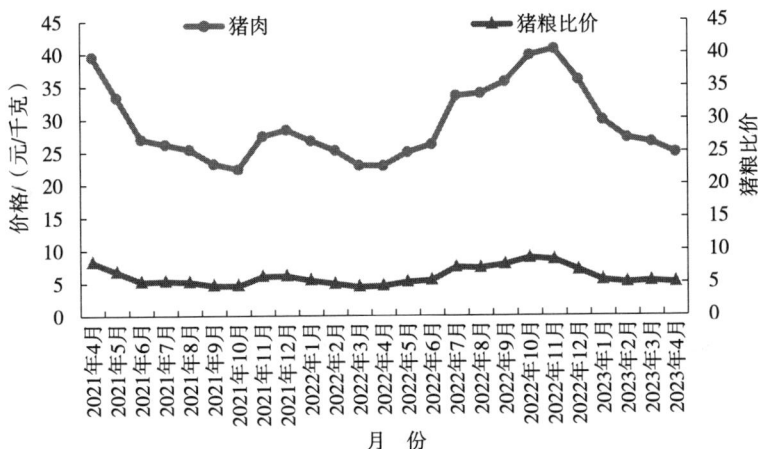

图3 猪肉集贸市场月度价格和猪粮比价

专栏1 国家调控"猪周期"相关情况

从商务部获悉，为维护猪肉市场稳定，2月24日，商务部会同国家发展改革委、财政部开展今年第一批中央储备猪肉收储工作，完成收储数量7 100吨。（来源：人民网，2023年2月26日）

7月14日据商务部网站消息，为更好发挥中央储备调节作用，稳定市场预期，维护猪肉市场平稳运行，7月14日，商务部会同国家发展改革委、财政部开展今年第二批中央储备猪肉收储工作，完成收储数量20 000吨。（来源：人民网，2023年7月14日）

"猪周期"短期化趋势日益明显。本轮"猪周期"自2022年4月始，呈现不同于以往的特征，波动的剧烈程度明显小于上轮。本轮又呈现下降周期明显长于上行周期的特征，在市场饱和的状态下，产能相对稳定且处于高位。"猪周期"的长短，取决于能繁母猪产能变化的速度。当猪价下行时，不同的养殖户反映不同，下降周期一般相对更长。当前猪价处于下行周期，意味着盈利水平明显下降。长期而言，国内养猪业进入低利润时期将成趋势。"猪周期"的存在和稳定物价的需要使得过高的利润不会成为常态；行业又始终面临饲料和土地成本刚性上升的困扰。（来源：光明网，2023 年 10 月 24 日）

3. 农资价格上涨影响农民生产积极性

2022 年乌克兰危机爆发以来，西方国家对俄罗斯、白俄罗斯的制裁措施导致其肥料出口受限，世界肥料价格急剧上涨。全年波罗的海地区小颗粒散装尿素离岸平均价格为每吨 572 美元，同比上涨 19.5%；美国海湾地区磷酸二铵离岸价格为每吨 879 美元，同比上涨 39.1%；以色列氯化钾离岸价为每吨 796 美元，同比上涨 88.5%；独联体 48% 含量复合肥离岸价格为每吨 606 美元，同比上涨 45.7%。受国际市场传导等因素影响，我国化肥价格总体高位且波动剧烈，化肥价格大幅上涨主要发生在春耕备播的关键时期，对农户生产投入造成了一定影响。据中国化工信息中心数据，2022 年 1—12 月国产尿素平均出厂价为每吨 2 687 元，同比上涨 13.0%；国产磷酸二铵平均出厂价为每吨 3 834 元，同比上涨 16.9%；氯化钾平均出厂价为每吨 4 133 元，同比上涨 51.8%；复合肥平均出厂价为每吨 3 649 元，同比上涨 28.5%（图4）。化肥价格上涨推动农业生产成本增加，如安徽省小麦亩[①]均生产成本为 1 057.8 元，同比上涨 14.8%，其中化肥费用亩均 213.9 元，同比上涨 31.6%。

---

① 亩为非法定计量单位，1 亩＝1/15 公顷。

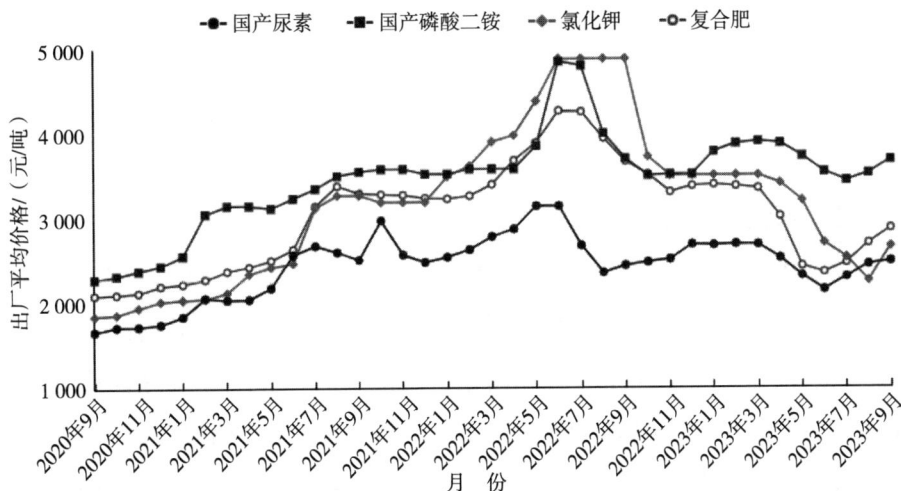

图 4 近 3 年国内化肥出厂平均价格

（三）植物病虫害风险

植物病虫害风险是指在植物生长和发育过程中，因害虫和病原微生物危害而导致其形态、生理和生化上的病理变化所造成经济效益损失的风险。2022 年小麦、水稻、玉米、马铃薯等粮食作物重大病害总体中等发生，全国发生面积 26.6 亿亩次，比 2021 年和近 5 年平均发生面积分别减少 10.7%、8.2%，对 70% 以上的产区构成威胁，各地加大防控组织力度，及时采取有效措施，坚决遏制重发危害，努力减轻灾害损失。

1. 小麦重大病虫害

2022 年全国小麦生长中后期主要病虫害总体偏重发生，小麦"三病一虫"发生面积 3.16 亿亩次。其中，赤霉病在湖北、安徽、江苏、河南和山东南部等长江中下游、江淮、黄淮南部麦区大流行，发生面积 3 098 万亩次；条锈病在湖北北部、河南南部、甘肃南部、陕西关中和新疆伊犁河谷等局部麦区偏重流行，湖北大部和安徽中西部、河南中北部和山东西南部、四川盆地和甘肃中东部等存在中度以上流行风险，发生面积 1 193 万亩次；纹枯病在江苏中北部、河南大部、山东西南部、湖北大部等地偏重发生，发生面积 1.07 亿亩次；蚜虫在河南、山东、河北、山西等黄淮海麦区偏重发生，发生面积 1.66 亿亩次。

2. 水稻重大病虫害

2022 年我国水稻病虫害整体呈中等发生，发生面积 9.26 亿亩次。稻飞虱在南方稻区总体偏重发生，发生面积 2.3 亿亩次，其中褐飞虱在江南、长江中下游和华南东部稻区，白背飞虱在西南东部稻区偏重发生；稻纵卷叶螟在江南、长江下游和华南东部稻区偏重发生，发生面积 1.5 亿亩次；二化螟在江南、长江中游和西南北部稻区偏重发生，发生面积 1.9 亿亩次；水稻纹枯病在江南、华南、长江中下游、西南北部和东北南部稻区偏重发生，发生面积 1.99 亿亩次；稻瘟病在东北冷凉稻区、南方丘陵山区和沿江沿淮稻区中等以上程度发生，感病品种重发流行，发生面积 3 300 万亩次。

3. 玉米重大病虫害

2022 年全国玉米重大病虫害偏轻。玉米"三虫两病"发生面积 4.5 亿亩次。草地贪夜蛾在西南、华南、江南、长江中下游地区发生代次多、程度偏重，江淮、黄淮、西北、华北局部地区中等偏轻发生，发生面积 4 000 万亩次；黏虫总体中等发生，东北、西北、华北和西南局部出现集中危害，发生面积 3 850 万亩次；玉米螟在黄淮海夏玉米产区偏重发生，东北、华北和西南局部地区中等发生，发生面积 2.35 亿亩次；玉米大小斑病在东北、华北、西北、黄淮海和西南等大部地区中等发生，局部偏重发生，发生面积 1.08 亿亩次；玉米南方锈病在黄淮海夏玉米产区偏重流行，发生面积 3 000 万亩次。

此外，马铃薯晚疫病在西南、西北和东北部分地区偏重流行，发生面积 1 940 万亩次，实施预防控制面积 3 332 万亩次；草地螟在内蒙古及其周边局部重发，发生面积 165 万亩次；东亚飞蝗在环渤海湾、华北内涝湖库区局部点片发生。

（四）动物疫病风险

动物疫病风险是指在动物养殖、调运、屠宰和加工过程中，因动物疫病的产生、传播、扩散而造成影响的风险。发展畜牧业，成败在防疫。我国是畜牧业大国，养殖量大，养殖环境复杂，加之动物活体调运、国际货物贸易增加及候鸟迁徙等原因，非洲猪瘟、高致病性禽流感等重大动物疫病的传播风险逐渐增大。近年来，我国坚持防疫优先，把动物疫病防控作为防范畜禽产业风险的第一道防线。特别是及时总结非洲猪瘟发生以来的经验教训，修订《中华人民共和国动物防疫法》，将动物防疫的工作方针由"实行预防为主"调整为"实行预防为主，预防与控制、净化、消灭相结合"。建立健全非洲猪瘟常态化防控机制，先后 5 次修订疫情应急实施方案，试点并全面推行分区防控，创建评估非洲猪瘟无疫小区。2022 年，全国共报告发生非洲猪瘟、口蹄疫、小反刍兽疫疫情各 1 起，全国报告发生 1 起野禽高致病性禽流感疫情，未报告发生家禽疫情，全国动物疫情总体平稳可控。同时也要看到，我国动物疫病风险仍然较高，防控压力仍然较大。

1. 动物疫病种类多、病原复杂，外来疫病传入的风险加大

据统计，目前全球有公共卫生影响的各类疫病 3 000 余种，对畜禽业生产和公共卫生安全有较大威胁的动物疫病有 300 多种，全球 60% 的人类传染病属于人畜共患病，其中我国就有 260 多种，我国每年报告发生的疫病数量超过 90 种。周边国家动物疫情多发频发，入境传播渠道多，防堵难度大。2022 年，海关组织实施国门生物安全监测计划，在口岸对 144 种动物疫病实施监测。上半年，针对高致病性禽流感、口蹄疫、非洲猪瘟发生国家和地区的动

植物及其产品，海关共发布禁令公告 15 份，退回、销毁不合格农产品 721 批，涉及 34 个国家（地区），有效防范了疯牛病、非洲马瘟、高致病性禽流感等重大动物疫情疫病通过口岸传入，保护了我国农林牧渔业生产安全。我国实施家禽高致病性禽流感强制免疫，构筑了有效防疫屏障，发生大规模家禽疫情的可能性较小。但同时，我国已监测到与欧洲流行毒株同源性较高的 H5N1 病毒，该病毒可能与当前国内流行毒株重组，产生新型禽流感病毒。全球 8 条候鸟迁徙路线中，有 3 条涉及我国多个省份。我国个别地区水禽免疫抗体合格率不高，存在通过野禽、候鸟感染的风险。国家禽流感参考实验室从迁徙入境的天鹅等野鸟中监测到 H5N1 病毒，病原通过野禽、候鸟传入我国的风险较大。2022 年，越南批准非洲猪瘟基因缺失疫苗上市，该疫苗存在排毒、散毒和毒力返强等安全风险，病毒通过疫苗、生猪、生猪产品走私等途径传入风险高。

2. 非洲猪瘟等重大疫病涉及面仍较大，疫情发生风险难以完全消除

非洲猪瘟从 2018 年传入我国以来，已实现常态化管理，疫情的影响相比暴发初期已经明显减小。但非洲猪瘟已在我国定殖，部分环节和场点的环境阳性率较高，发生疫情的风险将长期存在。目前非洲猪瘟病毒传播变得更加隐蔽，由原来的烈性死亡转变为现在的慢性死亡，不太容易被发现，等到检测出来时往往已经造成了较大范围的感染，一旦感染，养猪场的损失比较惨重。2023 年一季度，全国非洲猪瘟检出阳性率在 0.02％左右，和 2022 年同期基本持平，绝对数据虽然不高，但涉及的环节和场点多，我国生猪养殖量大，其危害不能掉以轻心。

2022 年全国高致病性禽流感疫情形势总体平稳可控，各级动物疫控机构监测结果显示，H5 亚型高致病性禽流感病原学阳性率为 0.07％，持续维持在较低水平，阳性样品以 H5N6 为主。

3. 生产经营主体管理水平参差不齐，基层动物防疫体系比较薄弱

随着常态化防控制度和措施不断落实，绝大部分养殖主体特别是规模场户的防疫意识和能力不断增强，非洲猪瘟对生猪生产的影响可防可控。但生产经营主体生物安全水平参差不齐，养殖、运输、屠宰等环节的生物安全措施仍然薄弱，屠宰、市场等环节阳性检出率明显高于生产环节。与此同时，我国一线防疫人员数量偏少，素质和能力仍然不高，一些畜牧大县动物疫病防控能力与畜禽饲养量不匹配，动物疫病防控措施难以全面精准落地，多样化、差异化的防疫需求对动物疫病有效防控提出更大挑战。

（五）农产品质量安全风险

确保农产品质量安全是事关人民生活、社会稳定的大事。为了保障农产品质量安全，维护公众健康，促进农业和农村经济发展，2022 年 9 月 2 日修订通过的《中华人民共和国农产品质量安全法》于 2023 年 1 月 1 日起正式实施。国家农产品质量安全例行监测已覆盖了 31 个省份、300 多个大中城市，农产品质量安全例行监测合格率稳定在 97% 以上，我国农产品品质持续优化升级。我国农产品质量安全仍存在一些不确定性风险，主要体现在以下两方面。

1. 耕地污染导致农产品重金属超标风险

深入打好净土保卫战被列入党的二十大报告重点内容之一。耕地直接关系国家粮食安全、农产品质量安全和人民群众身体健康，我国西南、中南地区土壤重金属超标范围较大，镉、汞、砷、铅 4 种重金属含量分布呈现从西北到东南、从东北到西南方向逐渐升高的态势，湖南湘江、广西刁江、云南沘江等流域部分农田遭受重金属污染。重金属特别是镉和砷，易从土壤向作物迁移，直接威胁到农产品质量安全。某研究对中国六个地区（东北、华北、华东、华中、华南和西南）县级及以上市场的 170 多个大米样品进行分析，发现有部分市售大米镉超标。湖南、广东、江西、浙江、江苏等地镉大米事件频发在社会上造成严重不良影响。

2022 年，中央和地方继续加强耕地重金属污染治理工作。《国务院关于 2022 年度环境状况和环境保护目标完成情况的报告》指出，影响农用地土壤环境质量的主要污染物是重金属，全国农用地安全利用率稳定在 90％以上，农用地土壤环境状况总体稳定。2022 年全国有 132 个重点县开展了耕地重金属污染成因排查整治，持续加强受污染耕地分类管理，落实轻中度污染耕地安全利用措施和重度污染耕地严格管控措施。农业农村部发布了《关于落实党中央国务院 2022 年全面推进乡村振兴重点工作部署的实施意见》，要求加强农产品质量安全监管，强化污染耕地治理，分区分类治理重金属污染耕地 5 000 万亩左右，加大安全利用技术推广力度。2022 年 11 月，农业农村部科教司召开 2022 年受污染耕地安全利用工作推进视频会，明确了耕地土壤污染防治重点工作：一是依法落实好分类管理制度，加强严格管控类耕地用途管理，坚决保障农产品质量安全；二是实事求是、稳妥有序地推进耕地土壤环境质量类别动态调整；三是实施好耕地重金属污染防治联合攻关，真正总结形成一批适应不同区域、不同作物的受污染耕地安全利用技术模式，攻克难题、攻出成效；四是切实做好农产品产地土壤环境监测，科学评价区域污染治理成效，不断提高监测预警能力。

虽然中央和地方财政投入了大量资金，重金属污染治理取得了积极进展，但耕地污染防治还面临一些问题和困难。一是治理任务比较艰巨。我国耕地污染防治工作起步晚、基础弱，受污染耕地治理修复周期长，需要持续落实安全利用等风险管控措施。受到大气沉降、历史遗留重金属废渣及水系重金属污染底泥、土壤酸化等因素影响，部分地区污染尚未得到有效控制。二是技术措施有效性、精准性有待提高。耕地土壤重金属污染具有隐蔽性、累积性、持久性和不可逆性等特征，很难将其从土壤中清除，需要持续落实安全利用措施，目前采取的技术措施大多成本高昂且治标不治本，还比较缺乏农民易接受、效果可持续的治理模式。依然不时出现的镉大米事件，再次说明耕地重金属污染问题的复杂性和艰巨性，由此导致的农产品重金属超标风险问题依然非常严峻。

2. 水产养殖与流通环节不规范使用药物引起水产品安全风险

在水产养殖和流通环节不规范使用禁（停）用药物、农药等行为，以及不遵守休药期规定造成药物残留超标等问题，严重威胁水产品质量安全。2022 年，农业农村部为加强水产品质量安全管理，出台了系列重要指导文件。

2022 年 1 月农业农村部发布《关于做好 2022 年水产绿色健康养殖技术推广"五大行动"工作的通知》，要求全面开展水产养殖用药减量行动。3 月，农业农村部发布了《2022 年国家产地水产品兽药残留监控计划》（以下简称《监控计划》），监测全国 31 个省（自治区、直辖市）、3 个计划单列市和新疆生产建设兵团的水产品兽药残留状况，共监测 7 种水产养殖禁（停）用药、2 种常规用药、2 种农药和地西泮。其中，地西泮为 2022 年新增的监测指标，标志着农业农村部对使用未经批准的水产养殖用药的监管力度进一步加强。同时，《监控计划》还排查市售用于水产养殖的所谓"非药品""动保产品"等未经审批投入品的安全风险隐患，监测特定海产品中风险物质含量。农业农村部 2022 年度组织各地渔业主管部门和有关水产品质检机构，在养殖产地随机抽取 15 万余批次水产品，进行孔雀石绿、氯霉素等 7 项禁（停）用药物和地西泮的检测。监控情况显示，养殖水产品质量安全持续向好，全国产地水产品兽药残留监测合格率为 99.9%，但仍有 133 批次样品检出药物超标，表明水产品仍然存在一定的质量安全风险。2022 年 11 月，农业农村部修编完成《水产养殖用药明白纸 2022 年 1、2 号》，并印发了《关于发布〈水产养殖用药明白纸 2022 年 1、2 号〉宣传材料的通知》，为各地加强水产养殖用药监管，开展水产养殖规范用药科普下乡活动等工作提供了重要参考。2022 年 12 月农业农村部公布了国家级水产健康养殖和生态养殖示范区名单，25 个省（自治区、直辖市）的 115 个申报主体符合创建标准，其中包括 31 个县级人民政府主体和 84 个生产经营单位主体，示范区面积总计约 1 250 万亩，可供给水产品产量约 375 万吨。

农业农村部认真贯彻落实中共中央、国务院关于农产品质量安全追溯体系建设的决策部署，指导各地农业农村部门加快推进农产品（包括水产品）追溯体系建设。截至 2023 年 6 月，国家农产品质量安全追溯管理信息平台运行平稳，累计入驻企业主体 54 万多家，其中水产企业 3.3 万家。省级农产品追溯平台累计入驻企业 82 万多家。先后总结推广了兴城多宝鱼、阳澄湖大闸蟹、烟台海参等水产品实施追溯管理的经验，组织开展了水产品全程追溯技术研究等。

（六）生物安全风险

生物安全风险属于非传统安全风险，包括新发突发传染病、新型生物技术误用和谬用、实验室生物安全、国家重要遗传资源和基因数据流失、生物武器与生物恐怖主义威胁等。2022 年，国家林草局、农业农村部、自然资源部、生态环境部、住房和城乡建设部、海关总署共同发布《重点管理外来入侵物种名录》（以下简称《名录》）。《名录》所列物种是当前和今后一个时期外来入侵物种防控的重点所在，于 2023 年 1 月 1 日起正式施行。《名录》实行动态调整原则，后续将在加强物种发生情况信息收集和危害风险研判的基础上，进行物种的适时增减。《名录》包含植物、昆虫、植物病原微生物、植物病原线虫、软体动物、鱼类、两栖动物、爬行动物等8个类群59种，其中植物有紫茎泽兰、藿香蓟、空心莲子草等33种，昆虫有苹果蠹蛾、红脂大小蠹、美国白蛾等13种，植物病原微生物有梨火疫病菌、亚洲梨火疫病菌等4种，植物病原线虫有松材线虫1种，软体动物有非洲大蜗牛、福寿螺等2种，鱼类有鳄雀鳝、豹纹翼甲鲶、齐氏罗非鱼等3种，两栖动物有美洲牛蛙1种，爬行动物有大鳄龟、红耳彩龟等2种。

2022年是《中华人民共和国进出境动植物检疫法》实施30周年。作为筑牢国家生物安全屏障的第一道防线，近年来，海关不断完善制度体系，持续强化入境检疫，严守国门生物安全。仅2022年上半年，全国海关共截获检疫性有害生物173种、3.1万种次，并首次从进境种苗中截获光滑拟毛刺线虫、波斯茎线虫。数据显示，海关组织实施国门生物安全监测计划，2022年上半年在口岸对701种有害生物实施监测。通过开展"国门绿盾2022"行动，严格入境检疫，强化潜在风险分析和防控，严厉打击非法引进外来物种行为，从旅客携带、寄递等渠道截获活体动植物2 925批次，包括大黑弓背蚁、爪哇短胸天牛、茂欧鼠尾草等多种外来物种。有效阻止松材线虫、红火蚁、地中海实蝇等外来入侵物种通过口岸传入，保护了我国农林牧渔业生产安全、生态安全和人民身体健康。

（七）非传统农业风险

非传统农业风险不稳定性、不确定性明显增多，造成了长时间的持续影响。2022年，新冠疫情不断反复，农业面临生产安全、流通安全、就业安全等多重风险挑战；地缘政治风险上升，全球农产品产业链供应链风险增大，国际市场通胀高企，农产品国际贸易冲突明显加剧。

1. 新冠疫情

2019 年末以来新冠疫情在全球持续蔓延，尽管发生在公共卫生领域，但也暴露出不少农业风险问题。

一是生产安全风险。疫情主要从三方面对春耕备耕产生影响，第一，人员流动的限制，造成了劳动力短缺；第二，企业延迟复工复产，造成了农资农机产量短缺；第三，交通物流管制，造成了农资农机运输困难。2022 年上半年我国疫情点多面广频发，特别是封控造成局部地区人员流动、农资运销和农产品流通受阻，局地春耕生产受到了一定影响。4 月 22 日，农业农村部、国家卫生健康委联合印发了《统筹新冠肺炎疫情防控和春季农业生产工作导则》，明确要求没有发生疫情的地区要落实常态化防控要求，保证农业生产正常开展，发生疫情的防范区在落实限制人员聚集等管控措施的基础上，要保证农资农机、农产品流通和务农人员流动，确保农事活动正常开展。总体看，在各级各部门的一系列强有力措施下，切实打通了疫情防控造成的"卡点"和"堵点"，农业生产受影响总体有限。

二是流通安全风险。流通联结供需两端，疫情对流通的影响经过上下传导造成了一系列的连锁反应，产销明显脱节。因消费恐慌心理，部分城市地区肉、蛋、奶、菜供应出现紧张，疫情严重地区甚至发生了哄抢现象，需求端面临短期内紧平衡和局部地区结构性短缺情况，价格一度明显上涨。产地则出现农产品囤积滞销、价格下降，生产者收入受损等情况。如 2022 年上半年上海新冠疫情期间，蔬菜供应出现严重问题，不但出现了居民"买菜难"，还出现了"买菜贵"的现象。受疫情管控影响，外部供应上海的蔬菜在运输途中要经历层层关卡和防疫检查，通行速度大幅降低。从山东临沂出发的蔬菜运输车正常只要 11～12 个小时就能到达上海江桥批发市场，而在 2022 年 4 月初运输需要 2～3 天才能到达，远超过正常的物流时间。

三是就业安全风险。因新冠疫情的蔓延与防控，农民外出务工就业深受影响，不仅复工时间大大迟滞，还因为就业企业受疫情冲击导致失业风险增加。以湖南省为例，2022年3月受突如其来的疫情影响，居家隔离和出行受限对农民工的就业造成一定影响。除少数与本地民生供应相关的店铺继续营业，餐饮、旅游等行业有的开门纳客却严重亏损，这些行业务工的农民工人数和收入明显下降。受新冠疫情影响，部分企业生产经营不正常，部分企业资金紧张，拖欠工资的风险隐患凸显。

2. 地缘政治风险

2022年不断升级的乌克兰危机给全球粮食安全拉响警报，不仅给俄乌两国粮食生产、出口带来重创，也引发全球粮食、能源、农资价格飙升，供应链断裂，造成现有粮食贸易格局加速改变。

一是国际粮食、能源等价格大幅上涨。受俄乌冲突影响，全球部分品种粮油供应链承压，价格上涨明显。2022年2月18日至3月3日，美国墨西哥湾2号黄玉米离岸价（FOB）为324.8美元/吨（折合人民币2 046.8元/吨），上涨9.8%；美国墨西哥湾软红冬麦报价（FOB）550美元/吨（折合人民币3 465.9元/吨），上涨58.2%；黑海地区葵花籽油价格从1 440美元/吨涨至2 060美元/吨（折合人民币12 981.3元/吨），上涨43.1%。期货市场价格涨势更加明显。3月4日，美国芝加哥期货交易所（CBOT）小麦期货主力合约涨至416.7美元/吨（折合人民币2 637.2元/吨），创14年新高，玉米主力合约（2022年5月）涨至296.1美元/吨（折合人民币1 874.0元/吨），比2月18日上涨15.3%，创2013年以来新高。布伦特原油期货收盘价118.1美元/桶，较2月28日上涨17.0%。

　　二是国际粮食安全体系面临挑战。俄罗斯和乌克兰是全球粮食生产与出口大国，在全球粮食供给系统和粮食安全体系中具有举足轻重的地位。全世界 30％的小麦、20％的玉米、80％的葵花籽油均来自俄罗斯和乌克兰。乌克兰危机爆发以来，供应链阻断及俄欧之间围绕能源贸易的制裁与反制措施导致世界能源、粮食等商品价格在短期内飙升，粮食不安全群体持续扩容。《2023 全球粮食危机报告》显示，受新冠疫情和乌克兰危机的连锁反应等影响，2022年全球 58 个国家和地区约 2.58 亿人面临严重粮食不安全问题，较 2021 年 53 个国家和地区的 1.93 亿人有所增加。全球经历严重粮食不安全并需要紧急粮食、营养和生计援助的人数在 2022 年连续第四年增加，有 7 个国家的人口处于饥饿边缘。

三、农业风险管理发展与创新

农业风险管理是对一系列风险管理工具和手段的运用和创新。新中国成立以来的 70 多年里，早期我国比较重视农田水利、防灾减灾技术与物资保障等基础条件建设，稳步提升农业风险管理的"硬件"水平。新时期，我国重点从强化基础设施建设、运用信息技术、加大监测预警力度、创新保险服务手段和服务内容、完善各类金融避险供给等方面入手，不断提高农业风险管理水平。

（一）农业基础设施建设

农业基础设施是指在自然与经济再生产交织进行的生物有机体同环境之间能量转化、物质交换和循环的过程中，必须投入的物质和社会条件有机总体的总和。概括而言，农业基础设施是在农业生产全过程中存在紧密关联的公共要素投入总和。习近平总书记强调，"要继续把公共基础设施建设的重点放在农村"。2022 年 10 月，农业农村部、水利部、国家发展和改革委员会等 8 部门联合印发的《关于扩大当前农业农村基础设施建设投资的工作方案》提出，基础设施建设是推动农业农村发展的重要抓手，应加快在建项目实施进度，开工一批新项目。高标准农田、农村交通、农田水利等农业基础设施建设，是保障我国粮食安全、补齐农业发展短板、提升农业综合生产能力、推进农业农村现代化的重要举措，在农业风险管理中发挥着积极作用。从当前看有利于保供防通胀、稳住经济大盘，从长远看有助于提升农业综合生产能力、推动农业农村高质量发展。

1. 高标准农田建设

十九届五中全会要求实施高标准农田建设工程。大力推进高标准农田建设，加快补上农业基础设施短板，增强农田防灾抗灾减灾能力，不仅有利于落实最严格的耕地保护制度，不断提升耕地质量和粮食产能，实现土地和水资源集约节约利用，推动形成绿色生产方式，促进农业可持续发展，而且能有效应对国际农产品贸易风险，确保国内农产品市场稳定。

（1）高标准农田建设的发展历程

高标准农田建设是我国实施"藏粮于地、藏粮于技"战略的重要举措。2011年9月国土资源部印发《高标准基本农田建设规范（试行）》，这标志着我国首个高标准基本农田建设规范出台。自2011年以来，我国对高标准农田的建设持续推进，从2012年《全国土地整治规划（2011—2015年）》中提出的"十二五"期间建设4亿亩高标准基本农田，到2013年《全国高标准农田建设总体规划》中明确要求到2020年建成8亿亩旱涝保收的高标准农田建设，再到2021年《全国高标准农田建设规划（2021—2030年）》中规划的到2022年、2025年、2030年，分别累计建成10亿亩、10.75亿亩、12亿亩的高标准农田，高标准农田的建设一直都在稳步推进。详见表1。

表1　高标准农田建设政策梳理

时间	文件	目标
2011年9月	国土资源部印发《高标准基本农田建设规范（试行）》	标志着我国首个高标准基本农田建设规范出台
2012年3月	国务院批准《全国土地整治规划（2011—2015年）》	提出"十二五"期间再建设4亿亩高标准基本农田
2013年4月	财政部发布《国家农业综合开发高标准农田建设规划（2011—2020年）》	明确到2020年，改造中低产田、建设高标准农田4亿亩，完成1 575处重点中型灌区的节水配套改造

（续）

时间	文件	目标
2013 年 10 月	国务院批复《全国高标准农田建设总体规划》	提出到 2020 年建成 8 亿亩旱涝保收的高标准农田，亩均粮食综合生产能力提高 100 千克以上的战略目标
2019 年 11 月	国务院印发《国务院办公厅关于切实加强高标准农田建设提升国家粮食安全保障能力的意见》	明确到 2022 年，全国建成 10 亿亩高标准农田
2021 年 9 月	国务院批复《全国高标准农田建设规划（2021—2030 年）》	到 2022 年、2025 年、2030 年，分别累计建成 10 亿亩、10.75 亿亩、12 亿亩的高标准农田

（2）高标准农田建设的主要内容

高标准基本农田是一定时期内，通过土地整治建设形成的集中连片、设施配套、高产稳产、生态良好、抗灾能力强，与现代农业生产和经营方式相适应的基本农田。建设内容主要涉及三个部分：田间基础设施建设、地力建设工程和农业科技建设。田间基础设施主要包括田网、渠网、路网和电网的建设，目的在于提高农田抗灾和机械化耕作的能力；地力建设工程主要是指进行土壤改良、土地平整和土地培肥的建设，目的在于提高农田基础地力以及农业生产能力；农业科技建设是指农业物联网技术的建设，通过提高现代农业对科技应用的能力，达到智能灌溉施肥、智能监测粮食生长、生产环境的效果。

（3）高标准农田建设的发展现状

一是高标准农田建设面积不断增加。国家提出，到 2025 年累计建成 10.75 亿亩，相较于"十三五"时期的 6 亿亩规划有所增加。2021—2022 年年均新增建设 1 亿亩，相较于 2017—2020 年年均新增 8 000 万亩的建设目标有所增加。2023—2030 年年均新增建设 2 500 万亩，将支撑行业景气。截至 2022 年底，全国已完成 10 亿亩高标准农田建设任务（图 5），占耕地面积的比例约为 52.2%。

通过集中连片开展田块整治、土壤改良、配套设施建设等措施，可以解决耕地碎片化、质量下降、设施不配套等问题，进而促进农业规模化、标准化、专业化经营。

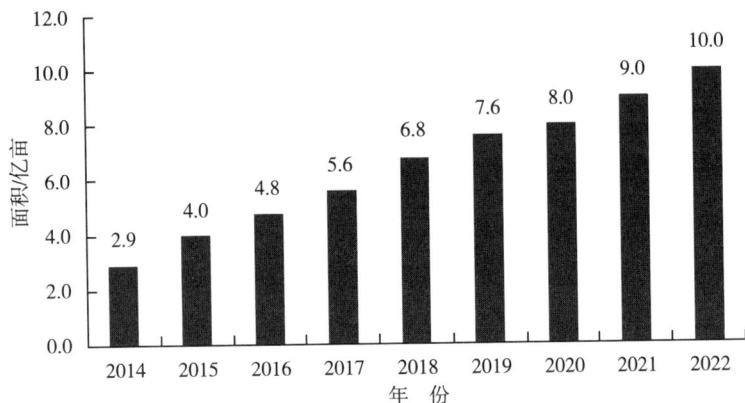

图 5 2014—2022 年我国建成高标准农田面积

二是高标准农田建设资金增加。高标准农田建设中央财政资金主要来自中央财政转移支付农田建设补助资金和中央预算内投资两个渠道。2020 年两个渠道共落实农田建设补助资金 867 亿元，相较 2019 年提高了 7.8 亿元。2021 年中央财政通过一般公共预算安排 787.82 亿元，同时推动地方多元化渠道安排 88 亿元。乡村振兴背景下，资金以国家财政为核心保障，彰显了国家推动标准农田建设的决心。

2. 农村交通基础设施

乡村振兴，交通先行。农村公路包含县道及以下公路，是我国公路网的重要组成部分，是农村地区最主要甚至是唯一的交通方式和重要基础设施，是保障和改善农村民生的基础性、先导性条件，对实施乡村振兴战略具有重要的先行引领和服务支撑作用。到2022 年底，具备条件的乡镇和建制村通硬化路、通客车目标全面实现，基本形成了遍布农村、连接城乡的农村公路网络。

专栏2　农业基础设施建设政策和要求

　　农业农村基础设施是现代化基础设施体系的重要组成部分，也是亟待提升的部分。加快农业农村基础设施建设，要算好经济账，聚焦补短板、强弱项，把资金用在刀刃上。突出抓好灌区等水利设施建设和改造升级、农田水利设施补短板，以及现代设施农业和农产品仓储保鲜冷链物流设施等项目建设，可以优化农业农村基础设施布局、结构、功能和发展模式，对扩内需、稳投资、稳住经济基本盘也具有重大意义。因此，要抓住时间窗口和时间节点，确保尽快形成实物工作量、尽快见效。

　　基础设施的改善，事关农业农村的长远发展。加快农业农村基础设施建设，还要算好综合账，提高基础设施全生命周期综合效益，在构建现代农业产业体系、生产体系、经营体系，畅通城乡经济循环等方面多做文章。比如，加强高标准农田建设、稳步推进建设"四好农村路"、实施规模化供水工程等。扩大这些领域的基础设施投资，既能形成投资拉动效应，又能厚植农业农村发展优势，为乡村振兴打下更坚实的基础。

　　不断提升农业农村基础设施水平，是坚持农业农村优先发展的体现，也是更好满足亿万农民对美好生活向往的需要。进一步健全多元投入保障机制，不断扩大有效投资，定能促进农业农村基础设施建设再上新台阶，为拉动经济增长、建设宜居宜业和美乡村做出更大贡献。

　　（来源：人民网，2022年11月23日）

（1）农村地区交通投资扶持力度较大

根据《集中连片特困地区交通建设扶贫规划纲要（2011—2020

年）》《"十三五"交通扶贫规划》《关于进一步发挥交通扶贫脱贫攻坚基础支撑作用的实施意见》等规划和政策文件的意见，国家加快国家高速公路、普通国省道改造建设，打造"康庄大道路""幸福小康路""平安放心路""特色致富路"，推动交通建设项目尽量向进村入户倾斜。2014—2022年中国安排贫困地区公路建设的车辆购置税资金超过1.46万亿元，占同期全国公路建设车辆购置税资金的61.3%，带动全社会投入超过5.13万亿元。

国家高速公路、普通国道补助标准分别由"十二五"时期平均占项目总投资的15%、30%，提高到"十三五"时期的30%、50%左右，而乡镇、建制村通硬化路补助标准提高到平均工程造价的70%以上（图6）。

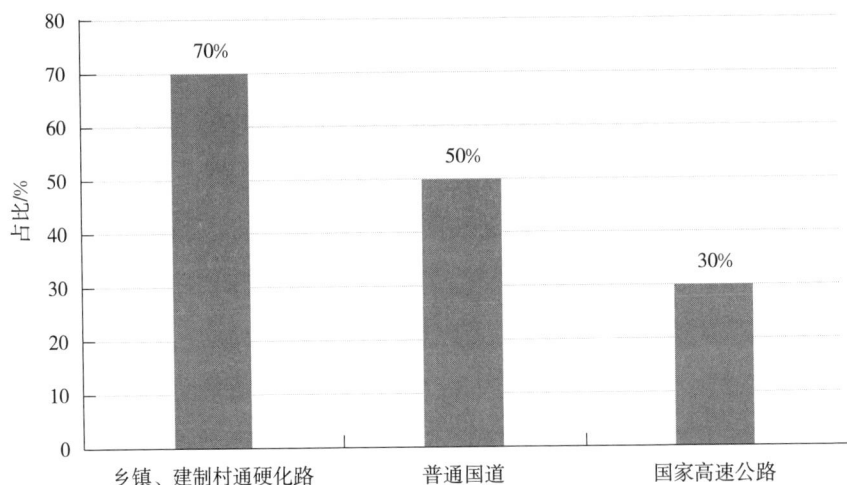

图6　"十三五"时期不同类型道路建设补助占项目总投资比例统计情况
数据来源：交通运输部。

（2）农村交通基础设施不断完善

2019—2022年，我国农村公路建设里程整体呈现增长态势。截至2022年底，我国农村公路里程达到453.1万千米（图7），占全国公路总里程的84.6%，其中县道里程69.96万千米、乡道里程 124.32 万千米、村道里程 258.86 万千米。2022 年农村公路建设里程同比增长 1.5%，超过 2022 年公路建设总里程增长率 0.1 个百分点。

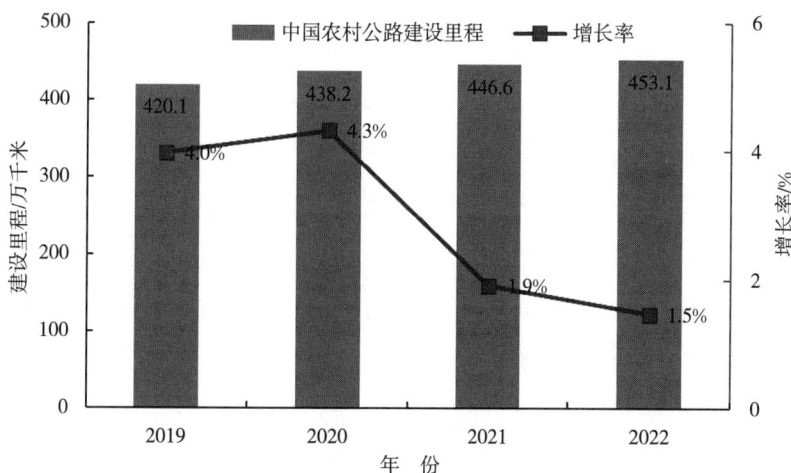

图 7 2019—2022 年中国农村公路建设里程统计及增长情况
数据来源：交通运输部。

2019—2022 年，国家支持贫困地区改造建设了国家高速公路 1.7 万千米、普通国道 5.3 万千米，建成内河航道约 2 365 千米；贫困地区建设约 9.6 万千米通往较大人口规模自然村的硬化路，建设 45.8 万千米农村公路安全生命防护工程，农村公路运行安全条件全面改善。2019 年底，全国实现了具备条件的乡镇和建制村 100% 通硬化路，实现了具备条件的乡镇和建制村 100% 通客车。

（3）"四好农村路"发展规划出台

2019 年 8 月交通运输部等多部门联合发布《关于推动"四好农村路"高质量发展的指导意见》，提出到 2025 年，农村交通条件和出行环境得到根本改善，基本建成布局合理、连接城乡、安全畅通、服务优质、绿色经济的农村公路网络，政策体系基本健全，建管养运可持续发展长效机制基本建立，治理能力和水平显著提高，物流体系基本完善，运输服务品质显著提升，服务乡村振兴战略、统筹城乡发展和建设现代经济体系作用明显。到 2035 年，城乡公路交通公共服务均等化基本实现，体系完备、治理高效的农村公路管理养护体制机制全面建立，农村公路全面实现品质高、网络畅、服务优、路域美，有效支撑交通强国建设，服务乡村振兴战略、统筹城乡发展和建设现代经济体系作用更加充分。到 2050 年，农村交通更加安全便捷、智能高效、绿色低碳，充分满足广大群众对美好出行的需求，保障乡村全面振兴，助力建成社会主义现代化强国。

数据显示，2022 年全国农村公路完成固定资产投资 4 733 亿元，同比增长了 15.6%，新建改建农村公路超过了 18 万千米，改造农村危桥 10 589 座，完成农村公路安全生命防护工程 13.5 万千米。实施农村公路以工代赈项目 3 859 个，吸纳农村劳动力 7.8 万人，农村公路管护领域提供就业岗位约 80 万个。

截至 2022 年底，全国农村公路总里程已达 453 万千米，等级公路比例达 96%，全国农村公路已基本全部纳入管养范围，优良中等路率达 89%，农村公路基本实现"有路必养、养必到位"。

2023 年交通运输部部署深入实施新一轮农村公路建设和改造、试点推进农村公路"一路一档"信息化建设、加快推进农村物流体系建设等任务，加快完善现代化农村交通运输体系。

3. 农田水利基础设施

农田水利基础设施是指通过水利工程技术措施，改变不利于农业生产发展的自然条件，为农业高产高效服务的各种具有公共职能的设施。我国以占世界 9% 的耕地、6% 的淡水资源，养育了世界近 1/5 的人口，2022 年底建成高效节水灌溉面积超过 4 亿亩。但水资源的快速减少导致我国部分地区已经处于比较危险的境地，尤其在过去一段时间内工业快速发展，水资源浪费和水污染情况大量出现，加上全球气象环境恶化、降水量大幅度减少两方面因素的影响，部分农村地区的溪水、河流、井水等常见农业用水资源出现枯竭、地下水量大幅度减少、质量急剧下降。因此，大力建设农田水利基础设施，能保障农田水利工程兼顾社会效益和经济效益，避免农田水利经济发展过程中市场驱动力的缺失，使农田水利经济发展陷入没有动力、停滞不前的境地。水利部发布数据显示，截至2022年7月底，各地共完成农村供水工程建设投资466亿元，是2021年同期的2倍多；大中型灌区建设改造完成投资178亿元；已开工农村供水工程10 905处，提升了2 531万农村人口供水保障水平。农村供水工程及大中型灌区建设和改造吸纳农村劳动力就业35.9万人，在保障粮食安全、提升农村供水保障水平、促进农民工就业等方面发挥了重要作用。

中研网的数据显示，2012—2022年，我国加强农田灌溉工程建设，建成7 330处大中型灌区，农田有效灌溉面积达到10.37亿亩，在占全国耕地面积54%的灌溉面积上，生产了全国75%的粮食和90%以上的经济作物。2022年开工建设江西大坳、梅江，广西大藤峡、龙云，海南牛路岭，安徽怀洪新河等8处大型灌区，建成后将新增恢复改善灌溉面积730多万亩。此外，2022年实施的529处大中型灌区建设和改造项目超额完成年度计划，累计新建改造渠（沟）道达到1万多千米、渠系建筑物3万多处、量测水设施1万多处，全年新增恢复灌溉面积366万亩，改善灌溉面积2 951万亩。2022年春灌期间，全国共有5 340余处大中型灌区进行了灌溉，累计灌溉面积达3亿亩，供水量450亿立方米。面对长江流域罕见旱情，大中型灌区较为完善的灌排体系最大限度地减轻了旱灾造成的影响和损失，大旱之年实现了粮食丰收。

4. 农村电力基础设施

2023年中央一号文件《关于做好2023年全面推进乡村振兴重

点工作的意见》聚焦重点领域农村基础设施建设，要求深入实施农村电网巩固提升工程，推进农村光伏、生物质能等清洁能源建设。随着乡村振兴不断深入推进，满足新时代农村生产生活用电的需求更加迫切，加快农村电力基础设施尤为重要。

（1）农村电网不断增强

农村在很大程度上存在电网结构不合理，以及电网薄弱、县级电网大部分是单网、中低压线路供电半径过长等不合理的情况。通过农村电网科技规划和农村电网建设改造工程的实施，改善了农村电网布局，提高了电网的供电能力和自动化水平，降低了电网的损耗，农村电力系统的供电能力、安全性、可靠性和电能质量得到了极大的提高。随着通信技术和自动化技术的发展，县级调度自动化技术和配电网自动化技术得到迅速推广和发展。2022年底，农村电网建立了613个县级调度中心，自动化系统已建成，其中县级调度自动化系统已通过实际验收538个、配电自动化系统已建成26个、综合部署自动化系统建设完成25个。

（2）电网装备水平和科技含量明显提高

农村电力系统大力推广新技术、新设备、新材料，取得了显著成效。95.5%以上的节能配电变压器在35千伏以上负荷，主变占用率达60%以上，35千伏及以上变电站无油开关占用市场份额达58.8%，微机保护及综合自动化装置占用率达90%以上，35千伏及以上无人值班变电站占用率达49.5%；35千伏及以上小型化变电站市场占有率为25.6%，广泛采用782座35千伏箱式变电站，采用非晶合金配电变压器和可调容量配电变压器，基本淘汰了高能耗配电变压器、过电压变压器、铝线圈变压器、多油开关、阀式避雷器和电磁保护装置。

5. 农村通信基础设施

农村网络基础设施实现全覆盖，农村通信难问题得到历史性解决，5G 加速向农村延伸，截至 2022 年 8 月，全国已累计建成并开通 5G 基站 196.8 万个，5G 网络覆盖所有地市城区、县城城区和 96％的乡镇镇区，实现"县县通 5G"。面向农村脱贫户持续给予 5 折及以下基础通信服务资费优惠，已惠及农村脱贫户超过 2 800 万户，累计让利超过 88 亿元。2021 年农村居民平均每百户接入互联网移动电话 229 部，比 2020 年增长 4.4％。截至 2022 年 6 月，农村网民规模达 2.93 亿人，农村互联网普及率达到 58.8％，是"十三五"初期的两倍，城乡互联网普及率差距缩小近 15 个百分点。

（二）农业科技和智能装备提升

当今，种子研发、生物技术、数字技术等在农业领域应用越来越广泛，在稳定农产品产量、降低灾害发生概率、减轻灾害损失等方面的作用也越来越明显。2023 年中央一号文件提出"要加快先进农机研发推广。加紧研发大型智能农机装备、丘陵山区适用小型机械和园艺机械。支持北斗智能监测终端及辅助驾驶系统集成应用。"

1. 种子研发

种业是现代农业发展的基础。习近平总书记强调，"只有用自己的手攥紧中国种子，才能端稳中国饭碗，才能实现粮食安全"。由于受耕地资源和人口的限制，提高粮食单产水平对保障我国粮食安全有着重要意义。只有发展生物育种和育种科技才能"把中国人的饭碗牢牢端在自己手中"。

一是生物育种的研发与应用。生物育种技术包括转基因、基因编辑、合成生物等技术，是种业创新的核心。目前常规育种主要包含系统育种、杂交育种、细胞工程育种和诱变育种等方式。随着中国育种技术不断发展，我国已经育成新品种超过七万余个，形成 6～7 次新品种大规模更新换代，农作物良种覆盖率达到 96％。比如培育出了汕优2号、红莲型、超级粳稻等一大批杂交稻品种，这些品种高产、抗病，对推动中国水稻单产提升起到了积极作用，有效支撑粮食产量与质量稳步提升，为中国粮食安全做出巨大贡献。

二是育种科技的研发与应用。中国作物基因组学研究进展迅速，在重要性状基因发掘上取得重大突破，研制出包括水稻矮秆基因、小麦抗赤霉病基因、玉米株型基因等；合成生物技术方面发掘出了一批抗盐碱、抗旱、固氮泌铵、氮高效利用等元件，品种研发能力得到稳步提高，高产优质、抗病抗逆、资源高效、营养功能品种不断涌现，基本满足农业生产需求。

近年来，通过国家推行生物新品种培育重大专项，我国优质绿色多元化品种比率逐年提高。水稻品种选育正在向品质化迈进，节水抗旱抗赤霉病小麦新品种培育备受重视，油菜、棉花品种选育快速向优质机械化方向推进。我国种业已经建成较完善的全产业链育种创新体系，关键技术创新、产品研发等保障能力显著提升，形成了自主基因、自主技术、自主品种研发的新格局。

专栏3　种业振兴相关情况

据新华社合肥2023年9月24日消息，为进一步推动种业振兴，我国将加快推进挖掘优异种质资源、种业创新攻关、做强国家种业阵型企业、提升种业基地能力和知识产权保护"五大行动"。

农业农村部总农艺师曾衍德表示，目前推动种业振兴已取得阶段性成效，历时三年的全国农业种质资源普查即将收官。下一步农业农村部将加快推进"五大行动"，力争种业振兴行动再取得一批标志性成果。

（来源：人民网，2023年9月25日）

---

2. 生物技术研发与应用

生物技术在种植业、畜牧业、渔业中有着广泛的应用，极大程度上降低了自然风险。习近平总书记在中共中央政治局第三十三次集体学习时指出，"要加快推进生物科技创新和产业化应用，严格生物技术研发应用监管，在尊重科学、严格监管、依法依规、确保安全的前提下，有序推进生物育种、生物制药等领域产业化应用"。生物技术是中国农业战略技术，与农业结合可以形成多元化发酵，拥有广阔前景。

专栏4　生物防治在玉米虫害方面的应用

北京市粮食作物产业技术体系有害生物防控技术岗位专家班丽萍带领团队经过多年的调查研究，研发出一套以生物防治技术为主的鲜食玉米穗期害虫绿色防治技术体系。班丽萍介绍，这种技术体系具体为：通过"双诱"灯诱、性诱的方法诱虫，结合"以虫治虫"的方法，于穗期害虫羽化产卵高峰期，在田间释放赤眼蜂，同时，配合生物农药，以及高效低毒化学农药的使用，有效解决穗期害虫防治难的问题。

数据显示，该技术体系可以有效控制玉米穗部的虫害发生，降低蛀穗率达15%～20%，每亩商品穗可提高50～100穗，每亩经济收入可提高100元以上。目前，北京京郊鲜食玉米的推广种植面积已经超过5万亩，该项成果的规模化示范，给广大京郊玉米种植大户吃上了"定心丸"。

（来源：人民网，2023年8月10日）

（1）种植业

一是抗虫生物技术的研发与应用。据统计，全世界粮食产量因虫害所造成的损失在 14％左右。长期以来，人们普遍采用化学杀虫剂来控制害虫，全世界每年化学杀虫剂的消费总金额在 200亿美元以上。但化学杀虫剂的长期使用造成农药的残留、害虫的耐受性提高、环境污染等严重问题，利用基因工程手段培育的抗虫植物新品种可以克服以上缺点，同时还具有成本低、保护全、特异性强等优点。目前，我国已获得多种抗虫基因，其中蛋白酶抑制剂基因、淀粉酶抑制剂基因、植物凝集素基因、昆虫特异性神经毒素基因、几丁质酶基因等，在抗虫方面得到了广泛的应用，已被导入烟草、棉花、油菜、水稻、玉米、马铃薯等多种作物，有的已经进入商业化生产中。中国农业科学院吴孔明院士团队基于中国转基因抗虫玉米转化事件的研发现状、玉米生产模式、玉米害虫的区域发生特点和迁飞生物学等特性，提出了抗虫玉米的商业化种植策略。

二是抗病毒生物技术的研发。传统抗病毒作物是将植物天生的抗病毒基因从一个植物品种转移到另一个植物品种，然而抗病植株通常会转变为感病植株，且作用范围较窄。采用基因工程的培育技术有别于传统方法，目前最有效的方法是将病毒外壳蛋白基因导入植株获得抗病毒的工程植物。

三是抗寒生物技术的研发。低温会造成细胞内膜结构中的脂质双层流动性降低，导致膜结构损伤，影响植物正常生长。通过分离能催化形成高不饱和脂肪酸的甘油磷脂酰转换酶的基因，并将其转入植物而获得具有抗寒能力的转基因作物已见报道。此外，从一些生活在高寒水域的鱼类分离出一些特殊的血清蛋白，即鱼抗冻蛋白及其基因，可以降低在低温下细胞内冰晶的形成速度，从而保护细胞免受低温损伤。

专栏 5　转基因技术在水稻耐寒性的应用

2019 年 2 月 26 日，据农业农村部转基因管理官方微信公众号披露，我国科学家成功克隆了一个水稻耐寒基因，该研究成果由中国科学院亚热带农业生态研究所、湖南杂交水稻研究中心及华中农业大学等单位合作完成，于 2019 年 2 月 11 日在国际顶级学术期刊 PNAS（IF＝9.504）上在线发表。据介绍，研究人员利用对寒冷敏感的籼稻品种"特青"和耐寒的温带粳稻品种"02428"所构建的重组自交系群体，获得了一个耐寒基因 QTL-HAN1，利用基因编辑手段敲除 HAN1 基因后成功提高了受体的耐寒性。HAN1 基因的克隆、功能和自然变异研究有助于理解粳稻在向北扩展和驯化的过程中对寒冷环境的适应机制，更为提高水稻的耐寒性提供了有效的途径。

（来源：光明网，2019 年 2 月 27 日）

四是抗除草剂生物技术的研发与应用。由于除草剂自身存在局限性，抗除草剂的转基因作物不断发展。比如将靶酶基因导入作物细胞，可以从矮牵牛中克隆出 EPSP 合酶基因转入油菜细胞的叶绿体中，使油菜能有效地抵抗草甘膦的毒杀作用。有科研机构把降解除草剂的蛋白质编码基因导入宿主植物，从而保证宿主植物免受其害，该方法已成功地用于抗选育抗磷酸麦黄酮的工程植物。

（2）畜牧业

一是利用生物技术生产动物所需的营养物质。通过发酵大量生产单细胞蛋白不仅是解决当今世界饲料紧缺和粮食不足的一条重要途径，而且有助于消除环境污染。应用生物技术生产的各种蛋白酶、纤维酶、脂肪酶、乳糖酶、植酸酶等被添加于畜禽饲料中，大幅度地改善了饲料的转化效率，提高了动物的生产性能，减轻了动物排泄物对环境的污染，意义重大。另外，利用发酵技术生产维生素、氨基酸和抗生素也已被广泛应用，对畜牧业的发展做出了巨大的贡献。

专栏6　生物技术在畜牧业中的应用

以植酸酶为例，描述利用生物技术生产饲用酶的简要过程。具有合成植酸酶能力的微生物种类很多，包括枯草杆菌、假单胞菌、啤酒酵母、曲霉菌等，其中以曲霉菌生产的植酸酶活性最高。利用曲霉菌等生产重组植酸酶的简要过程可简要描述如下：利用分子生物学技术从微生物中鉴定、分离出生产植酸酶的基因，然后将这些基因进行扩增后插入曲霉菌表达载体，该表达载体是一种环状DNA分子，在宿主有机体内不仅能自我复制，还能利用插入的植酸酶基因大量生产植酸酶，一旦重组植酸酶开始表达，曲霉菌宿主的天然分泌机构就能保证把所产生的酶转出细胞外而进入培养基中，然后即可从培养基中收集并纯化植酸酶。利用这种方法生产植酸酶与常规植酸酶生产菌株或野生菌株生产相比，产量可提高50～100倍。

二是对动物生长和代谢进行调控。动物机体的生理病理变化，如生长发育、新陈代谢、遗传变异、免疫与疾病等，从本质上来说，都是基因表达调控发生了改变的结果。因此，可应用基因工程技术对动物机体代谢过程中某些关键蛋白的编码基因进行操作，从而调控动物的生长与代谢。

改善动物的生产性能主要从两个方面着手，一种途径是通过应用各种生物技术产品，如前已述及的各种饲用酶、氨基酸、维生素等提高动物的饲料利用效率，促进动物生长；另一途径是直接对与动物生产性能密切相关的基因进行操作，从而改变动物的生产性能，这方面的成果集中体现在转基因技术的应用上。

应用基因工程技术改变动物的代谢途径主要是指在动物体内导入新的代谢途径，采用外来其他基因，加工后用于哺乳动物的表达。如半胱氨酸是羊毛合成的限制性氨基酸，由于半胱氨酸在羊瘤胃内降解，故在饲料中添加半胱氨酸并不能提高其在血清中的水平。如果羊自身能合成半胱氨酸，将会提高羊毛产量。

三是调控营养与基因表达。近年来，随着分子生物学技术的出现和不断成熟，营养成分对动物基因表达的调控已成为当今动物营养学研究的一个热点。大量研究表明，主要的营养物质如糖、脂肪酸、氨基酸以及某些维生素和矿物质等对许多基因的表达有影响，而这些基因中含有关键代谢酶的密码。目前研究得较为清楚的是磷酸烯醇式丙酮酸羧激酶（PEPCK）基因的表达受日粮中糖含量的控制。PEPCK 活性主要存在于肝、肾皮质、脂肪组织、空肠和乳腺，是肝和肾中糖原异生的关键酶。动物进食含有大量糖类的饲料时，肝中 PEPCK 水平大幅度下降。如果禁食或饲以高蛋白低糖的日粮，则可以使其水平得到控制。

（3）渔业

一是水产育种行业加快发展。水产遗传育种是养殖产量可持续提升的首要因素之一。2022 年我国水产养殖产量 5 565 万吨，连续 32 年位居世界第一，为国民提供 30％以上的优质动物蛋白。水产种质资源收集与保藏、育种技术与理论的突破、新品种创制与良种体系的建设等，支撑了水产养殖业的快速发展。培育抗害高产的新品种，提高加工过程中的资源利用率和产品附加值，是保障渔业可持续发展的重要途径。

二是海洋食品高效生物加工技术的研发。从海洋食品酶资源挖掘、理性创制及反应过程调控等层面突破海洋食品酶的应用瓶颈，中国构建了拥有自主知识产权的海洋水产品加工专用酶资源库，致力于海洋水产品加工酶的功能强化，实现酶的循环利用、连续反应等项目研究。

3. 数字技术研发和应用

数字技术的广泛应用可以在最早时间、最小范围内发现各种灾害萌动、发生迹象，通过互联网、物联网、云计算等科技手段可以遏制、降低风险发生的传导性，避免其发生为重大灾害。2023年中央一号文件提出"要深入实施数字乡村发展行动，推动数字化应用场景研发推广。加快农业农村大数据应用，推进智慧农业发展"。数字技术的研发与应用迅速发展。

专栏7　数字技术在病虫害方面的应用

中国科学院空天信息创新研究院在第三届植被病虫害遥感大会上，对外发布了最新的植被病虫害遥感监测与预测系统升级版，实现了多尺度、长时序、大范围植被病虫害的及时监测和预警。

该系统是中国科学院空天信息创新研究院已有植被病虫害遥感监测与预测系统的升级版，与原版系统相比，综合运用遥感、地理信息系统、植物保护、农业气象等分析方法，实现对农林草重大病虫害繁殖区、重点危害区的时序监测，以及对病虫害迁飞扩散路径、潜在危害区的动态预测，面向全球、洲际、国家、典型区域等生产时间序列病虫害监测和预测空间信息产品，实现了多尺度、长时序、大范围植被病虫害的及时监测和早期预测技术示范应用，推动了植被生态系统保护的多学科融合和产业化进程。

（来源：人民网，2022年8月29日）

（1）卫星遥感、无人机等新技术

农业遥感是通过遥感卫星获取农田、作物等农业生产要素的信息，进行农业生产监测、评估和管理的技术。该技术具有覆盖面广、监测频率高、成本低等优势，能够有效地提高农业生产效率和降低生产风险。目前，我国在农业遥感方面已经取得了显著的成果。一是作物生长监测。通过遥感卫星获取作物生长期的光谱特征，结合地面观测数据，实时监测作物生长状况，为农业生产提供科学指导。这种技术可以帮助农民及时发现作物生长问题，采取有效措施进行调整，提高农作物产量和质量。二是灾害评估与预警。利用遥感技术实时监测农田的水分状况、气象条件等信息，为农业气象灾害的预警和评估提供依据。通过遥感技术，可以及时发现干旱、洪涝、病虫害等灾害，为灾害防治提供重要支持。三是农业资源调查。通过遥感卫星获取土壤、水资源、植被等农业资源信息，为农业生产布局、资源利用提供科学依据。遥感技术可以帮助农业部门更好地了解农业资源状况，优化农业资源配置，提高资源利用效率。四是发展精准农业。结合遥感技术和大数据、物联网等现代信息技术，实现农业生产的精细化管理。精准农业可以根据作物生长需要，实时调整农业生产措施，提高农作物产量和质量，降低生产成本。遥感卫星数据为精准农业提供了丰富的信息资源，推动了现代农业技术的创新和发展。五是生态环境保护。农业遥感技术可以实时监测农田生态环境的变化，为农业生态保护和环境治理提供科学依据。例如，通过遥感技术监测农田水土流失、农业污染等问题，为农业生态修复提供技术支持。

专栏8　卫星遥感、无人机在农业风险管埋中的应用

中华保险实施"数字农险"工程，持续推进农业保险数字化转型。充分利用卫星遥感、无人机、物联网、5G等技术，打造种植业"空天地一体化"按图作业的精准承保理赔新模式。首创"海洋牧场"保险，运用科技手段突破海水养殖

保险承保理赔难题，将风灾和海水积温指数纳入保险责任范围。创建养殖保险保处联动"威海模式"，通过自主研发系统，将保险理赔与病死畜禽无害化处理紧密结合，既降低了疫病传播和环境污染风险，又保障了畜产品质量安全，形成政府、保险公司、无害化企业良性互动。

（2）智能机械装备技术

农业机械化水平的提高，不但可以提高土地利用率，还能够提升农业抗风险能力。近年来，各地加快推动农业装备产业升级，通过强化政策和资金支持，鼓励科研机构、企业加大农业机械化投入和研发，推动数字化、智能化技术与农业装备的深度融合，物联网等信息技术在农业机械化中的应用越来越广泛。比如利用物联网的实时监测功能，通过传感器对农作物病虫害情况进行实时监测，一旦发生病情，可以通过无人喷施农药设备进行防治，有效提高了农业机械在防灾减灾作业中的及时性、精准性。随着国内北斗自动导航、精准变量作业等农机智能终端的推广应用，"物联网＋"信息化技术与装备在大马力拖拉机、收获机及其他大中型动力机械上的应用水平也在逐步提高，能够实现机具精准定位、作业指引或自动驾驶、变量播种施肥、作业全程遥控、生产调度决策等功能融合，提升机具精准作业和连续作业能力，大幅度提高农机作业效率。针对频发冻害、冰雹等灾害对苹果种植企业和农户造成了影响，2023年，中华联合财产保险股份有限公司（以下简称中华财险）陕西分公司同陕西省农业遥感与经济作物气象服务中心合作，为遭受冻害较严重的县（市、区）制定防霜操作规程，在延安市安塞区高桥镇南沟村实验果园布设 50 余组新型防霜冻烟雾发生器，架设果园小气候监测网络设备，设置自动化烟雾触发指标，实现熏烟炉防霜技术的智能化管理。这一试验为创新技术和提升防冻效果积累了丰富数据,为未来延安地区开展苹果花期精准防霜冻工作探索了新路径,对苹果花期科学防霜和优化保险服务实体经济均具有重要的意义。

农业机械化逐步向高端、精准、智能化方向发展。一是智能化动力机械。此类机械借助 GPS、图像识别、实时通信等技术来提升操控性。驾驶室一般会配备一定数量的计算机,并且配有统一的接口,确保与不同农机进行有效对接。智能化设备配备了可视化的人机交互页面,可以依靠屏幕操作来选择需要显示的信息,并根据需求调用数据库相关信息。二是智能化播种机械。此类机械能够以播种阶段田块土壤墒情或者生产条件变化为导向,对播种量、施肥量等进行精准调控。三是智能化施肥机械。此类设备能够在施肥阶段,结合作物种类、土壤条件等对施肥量进行把控,切实提升化肥利用率。四是智能化灌溉、喷药及收获机械。灌溉机械能够实现智能化节水。喷药设备能够根据作物发育水平、农田环境合理控制农药用量,降低农药对土壤、水体等的影响。收获设备一般装设了各类传感器或者定位系统,可以在收获粮食的同时,对作物含水量、农田产量进行测量,并根据测量数据生成相应的产量图,为后续生产提供参考。

专栏9 农业智能装备在农业风险管理中的应用

智慧农业物联网系统。智慧农业物联网系统可以实时监控农作物种植业和养殖业的生长情况、土壤环境、养殖环境,气象条件等重要参数,为农业经营者提供精准的数据分析和科学决策,从而实现精准农业管理。智慧农业物联网系统可以通过采集种植养殖生产数据,分析种植养殖生产流程中的瓶颈和问题,并给出解决方案,从而优化种植养殖生产流程,提高种植养殖生产效率和品质。该系统可以通过实时监测和分析,降低

生产成本，提高经济效益。例如，通过精准施肥，精准饲喂，减少了肥料的浪费，提高了效果，降低了成本。同时，该系统可以实现实时监控种植养殖生产环境和种植养殖生长状况，及时发现问题和风险，并给出相应的解决方案，从而提高农业生产的安全性和稳定性。智慧农业物联网系统可以对农业生产的各个环节进行监控和管理，从而实现对农业资源的合理利用和环境的保护，促进农业可持续发展。

（三）农业生产和市场监测预警体系建设

在气象灾害频发、国内外农产品市场频繁波动、地区冲突加剧的情况下，增强现代农业监测预警技术能力，建设更加完备有力的农业生产和市场监测预警体系不容忽视。农业生产和市场监测预警体系的功能就是通过大数据的获取和分析，对农业生产和市场情况做出风险评估、趋势研判，及时采取有效、有针对性的应急措施加以化解或缓解，提高农业产业的稳定性、持续性。

1. 自然灾害预警体系

灾害预警是防灾减灾救灾工作的关键环节，对于防御和减轻灾害损失具有重要作用。

一是加强自然灾害预警基础设施建设。2021年底，国务院印发《"十四五"国家应急体系规划》，提出要集约建设信息基础设施和信息系统，优化自然灾害监测站网布局，构建空、天、地、海一体化全域覆盖的灾害事故监测预警网络。目前我国自然灾害预警以气象预警为主，根据中国气象报报道，截至2022年9月，我国已建成由7个大气本底站、25个气候观象台、超7万个地面自动气象观测站、120个高空气象观测站、236部新一代天气雷达、7颗在轨运行风云气象卫星等组成的综合气象观测系统，雷达监测网规模位居全球第一，是世界上少数同时拥有极轨和静止气象卫星的国家之一。我国乡镇地面气象观测站覆盖率达100%，建成10 930个国家级地面气象观测站，数量是2012年的4.5倍。农业农村部会同国家发展和改革委员会组织实施《全国动植物保护能力提升工程建设规划（2017—2025年）》，按照"聚点成网"和"互联网＋"的总体设计，在24个省（自治区、直辖市）的346个县（市、区）投资建设1 600多个自动化、智能化田间监测站点，有效提升了农作物重大病虫害监测预警能力。

二是提高自然灾害监测预警技术研发水平。自然灾害对农业生产影响极大，只有不断增强农业气象灾害的监测预警能力，才能最大限度地避免或者降低灾害造成的影响。枸杞、苜蓿、葡萄、小麦是西北地区重要的农作物，宁夏科学技术厅委托宁夏农林科学院植物保护研究所开展"农业生物灾害监测预警关键技术研究与应用"重点项目，该项目研制成功具备综合数据处理、空间建模、风险评估、预测预报功能的监测预警服务器端平台，建立了病虫害监测信息采集与数据传输客户端，构建粮食作物、枸杞、牧草区域生物灾害监测网络，布设监测点4 723个，初步形成了宁夏枸杞、苜蓿、葡萄、小麦主要有害生物监测预警模式与体系。应急管理部组织开展自然灾害监测预警信息化工程，实施自然灾害综合监测预警系统改造项目，积极吸纳了一批科研机构、科技企业等参与项目建设，提升我国重特大灾害和多灾种、灾害链综合预警科技水平。

三是完善自然灾害预警信息发布渠道。国家减灾委员会印发《"十四五"国家综合防灾减灾规划》，部署加强多部门共用、多灾种综合、多手段融合、"中央—省—市—县—乡"五级贯通的灾害预警信息发布系统建设，提高预警信息发布时效性和精准度。农业农村部构建了部、省、市、县四级信息采集、反馈系统，及时调度农作物长势、发布灾害信息等。目前，依托国家气象部门建立的国家预警信息发布中心，汇总了多部委的灾害预警信息，并打通了各省、市、县的气象部门的信息发布渠道，构建了"纵向到底、横向到边"的灾害预警信息发布链路。依托中央人民广播电台建立的国家应急广播中心，建立了灾前发布灾害预警信息和灾后迅速快速报道的系统。通过"12316"益农信息服务平台、农业天气通 App、突发事件预警信息发布系统等资源，解决灾害预警"最后一公里"难题。

四是优化灾害预警合作机制。各部门充分利用各自优势，不断拓宽合作领域。农业农村部与中国气象局联合印发《关于进一步做好农业气象防灾减灾工作的通知》强调，建立健全信息共享机制，定期沟通交流，发挥气象信息对农业抗灾救灾和农业生产指导的决策支撑作用；加强联合监测、联合会商，对苗情、墒情、灾情和气象条件实施精密监测评估，密切关注天气变化情况，及时获得灾害性天气信息，第一时间掌握各类灾情发展动态，适时发布预警信息，共同提高预报预警的准确性和针对性；对 9 万多名跨区作业农机手提供"三夏"气象预警和预报信息服务，联合制作发布小麦赤霉病防控气象条件等级预报。应急管理部会同农业农村部等部门组织实施自然灾害监测预警信息化工程，利用"天空地"一体化监测技术，研发国家灾害综合风险监测预警系统，提高多灾种和灾害链综合监测、风险早期识别和预报预警能力，并持续开展每周或每日全国灾害综合风险监测。

五是提升灾害预警服务能力。我国已建立起自然灾害的四级响应制度，编制了四级响应的各种预案。农业农村部高度重视粮食生产信息监测预警工作，通过统计、监测、调查、实地调研等多种方式，密切跟踪粮食生产及市场形势，深入分析研判走势，组织专家制定分区域、分作物、分灾种科学抗灾技术指导意见，及时发现和妥善解决苗头性、倾向性、潜在性问题。组织基层农技人员和气象服务人员，共建基层农业防灾减灾队伍，在关键农时和灾害多发季节，联合组派专家组和工作组，深入田间地头，指导科学抗灾救灾和灾后恢复生产。开展农业气象防灾减灾科普宣传，提高农民防灾避灾意识和能力，聚焦重点地区、主要作物和规模主体，提供精细化气象服务，特别是向新型农业经营主体提供直通式气象服务。

专栏10 吉林省自然灾害预警体系典型经验

吉林省是灾害多发省份，自然灾害种类多、分布广。目前吉林省自然灾害综合监测预警业务主要涉及气象、水旱、地震、地质、森林草原火灾和农作物病虫害等自然灾害。具体做法如下：一是推动健全自然灾害分类监测体系和分级预警体系。针对自然灾害种类和特点，加强本部门地面监测站网布局和规划，划分重点监测区域，确定重要监测点，加密监测站点，消除监测盲区，提高监测覆盖率。二是建立自然灾害监测预警信息共享和报送制度。吉林省统筹有关部门建立吉林省自然灾害监测预警信息化平台，实现信息交换共享、业务高效协同；建立自然灾害监测预警信息逐级报送制度，设立专岗人员，明确报送范围和内容，确定报送形式和时限，严格报送流程和要求。三是建立自然灾害综合风险会商研判制度。吉林省构建涉灾部门、专家团队、地方政府、灾害现场等多方参与的会商平台，汇总分析各专业部门灾害趋势预测和重大灾害形势研判意见，形成综合会商研判报告，实现多方参与会商和多源监测预警信息的综合研判。四是健全自然灾害预警信息发布和预警响应制度。吉林省做好预警信息发布工作，完善自然灾害预警信息发布平台，明确发布职责、审批程序、发布流程、发布渠道和保障措施，确保及时准确发布预警信息，逐步解决预警"最后一公里"问题。

2. 农业市场监测预警

农业市场监测预警是在市场改革大潮中把握农业发展的重要抓手。《农业农村部关于落实党中央国务院 2023 年全面推进乡村振兴重点工作部署的实施意见》强调，要完善农产品市场监测预警体系。农业监测预警已经成为各级管理部门进行农业管理的重要抓手，成为生产经营者进行农事管理的有效工具。

一是完善农业市场监测预警体系。农业市场监测预警是一项系统性工程，要在农产品全产业链过程中加强数据获取，建立起农产品监测预警大数据，及时掌握农产品产业链各环节信息，构建统一建设、统一管理、充分开放的农产品信息资源库。早在 2002 年，原农业部为适应加入世界贸易组织的形势要求，开始建设农产品市场预警监测系统，对玉米、小麦、棉花、大豆、糖料等主要农产品在生产、需求、库存、进出口、市场行情和天气上的变化，进行动态监测，形成数据采集、分析预测和定期会商制度。在实践中加强农业监测预警专业团队建设，组织有关优势单位力量，组建专业化团队，成立了以农业农村部农村经济研究中心、中国农业科学院农业信息研究所、中国人民大学、上海交通大学等 12 家单位的专家组成的农业农村部市场预警专家委员会，为农产品市场调控政策的制定提供重了要智库支撑；组建了一支由首席分析师、会商分析师、省级分析师和产业信息员共计 1 000 余人的预警团队，协同开展农产品生产、流通、消费、加工、贸易等全产业链跟踪分析。

二是创新农业市场监测预警技术。加强农业信息分析学科建设，提升农业数据科学分析能力，是农业市场监测预警的内在要求。农业监测预警本质上是技术依赖型的现代农业高端管理工具，其中涉及物联网技术、大数据技术、人工智能技术等新一代信息技术在农业全产业链的应用。我国农业监测预警技术发展起步晚但进展快，经过近 20 年的不懈努力，在数据建设、模型技术、智能系统方面都有了重大进展。我国已经研发出产量智能分析预测技术，建立了农产品分品种生长机理类、气象类、投入类、管理类四大类产量分析模型，并形成了生育期、气象环境、生产投入、要素管理等产量分析模块；农业生产环境信息获取已经转变为主要依靠数字化装置与设备进行采集，借助遥感卫星、无人机、传感器、移动终端等采集设备，感知生产环境信息，获取实时数据。建立了消费量分析方法，进行了我国主要农产品历史消费量分析计算，完成了我国水稻、小麦、玉米、大豆等农产品 70 年历史消费量分析计算，重构了我国农产品历史消费数据系统。目前，我国已初步具备实时预测 18 种农产品生产量、消费量、贸易量和价格的能力，对于增强农业强国的稳产保供能力、管理调控能力、市场服务能力、国际话语权能力都具有重大意义。

三是强化农业市场监测预警信息分析。随着农业大数据、智能化的发展，农业市场监测预警在理论研究、技术应用、产品研发等方面取得了重要进展，监测预警信息更加科学、准确。中国农业科学院农业信息研究所主持完成的"农产品市场信息采集关键技术及设备研发"项目，解决了农产品市场领域信息感知、传输、处理环节的科学问题，为实现农产品市场的信息采集和分析预警提供了有效手段。我国建立了深度学习长短时记忆神经网络多种农产品供需预测模型，利用深度学习算法在非线性模型分析预测中的优势，对稻谷、小麦、玉米、大豆、猪肉、禽肉、牛肉、羊肉、水产品 9 种主要农产品供需进行分析预测，提升数据管理、智能分析、实时预报预警能力。中国农产品监测预警系统（CAMES）已经在机理分析过程中实现了仿真化与智能化，可以实现全天候即时性农产品信息监测与信息分析，用于不同区域不同产品的多类型分析预警。《中国农业展望报告》中预测并公开发布的 2022 年农产品生产量中，与国家统计局正式公布的全国水稻、小麦、玉米、大豆 4 种粮食产量，预测准确率为98.12%～99.77%，误差率仅为0.23%～1.89%。

四是健全农业市场监测预警信息报送机制。为缓解市场信息不对称造成的农产品市场不稳定问题，我国已建立起农产品日度、周度、月度、季度、年度信息发布制度，规范了分析预警信息发布、平衡表信息发布、农业展望报告信息发布等信息发布类标准体系，每月发布主要农产品平衡表，每季度发布市场形势信息，每年发布中国农业展望报告；建立信息发布标准，公共信息应发即发、应发必发，通过对农产品分品种的常规分析监测、应急追踪监测和热点监测，以日报、周报、月报、专报、专刊等形式，及时将农产品市场监测数据及形成的预警报告、展望报告、聚焦报告和调研报告等上报，提高农产品市场信号引领作用，引导生产与市场更好对接。

专栏11 中国农业展望大会——农业市场预警典型案例

2023年中国农业展望大会，由农业农村部市场预警专家委员会、农业农村部市场与信息化司、农产品市场监测预警部际协调机制指导，中国农业科学院农业信息研究所主办，农业农村部信息中心、农村经济研究中心、农业贸易促进中心、大数据发展中心和中国农学会等协办。大会上发布的《中国农业展望报告（2023—2032）》是农业展望专家组在前9年展望工作的基础上，根据近期国内外经济形势、人口、汇率、油价等方面的新变化，综合考虑中国宏观经济、农业政策、气候条件、科技创新、资源禀赋及国际市场等因素，通过中国统计部门公开发布的统计数据和农业部门的农产品市场监测数据及相关研究机构多年积累的实地调研数据，采用中国农业科学院农业信息研究所农业监测预警创新团队研制的中国农产品监测预警系统（CAMES），对未来 10 年稻谷、小麦、玉米、大豆、棉花、油料、糖料、蔬菜、水果、肉类、禽蛋、奶制品、水产品、饲料等重要农产品等 18 种主要农产品生产、消费、贸易、价格信息做出的基线预测，与基于专家判断相结合的研究成果。

（四）农产品价格支持与储备调节

2004 年中央一号文件提出全面放开粮食收购和销售市场，实行购销多渠道经营，这意味着我国农产品市场化价格形成机制基本建立，农产品市场改革向全面市场化迈进。与此同时，粮食等农产品的生产风险、市场风险、价格风险等也在增加，如何在市场机制下，保障种粮农民收益，稳定和提高农民种粮积极性，保障粮食等农产品的稳定供给成为政府部门关注的重点。回顾近 20 年农产品市场调控政策改革和演变，国家先后出台了粮食最低收购价、临时收储、目标价格、"市场化定价＋生产者补贴"等一系列稳价保供措施。

1. 农产品价格支持政策

一是实施粮食最低收购价。2004 年春播前，国家首次公布了稻谷的最低收购价，随后国务院发布《国务院关于进一步深化粮食流通体制改革的意见》，进一步将这一做法制度化。2005 年我国首次在粮食主产区启动稻谷最低收购价，次年启动了小麦最低收购价，标志着粮食最低收购价进入正式实施阶段。2007—2013 年，粮食最低收购价逐年提高。2016 年起，逐步完善稻谷和小麦最低收购价格政策，降低政策性收购价格和收购比例，实现以市场化收购为主，政策性收储为辅。2018 年开始，探索实行"最低收购价＋专项补贴"模式（表 2）。2020 年起，在最低收购价政策基础上，又对稻谷和小麦设置收购总量限制。

表2　2018年以来50千克小麦和稻谷最低收购价

单位：元/千克

年份	2018	2019	2020	2021	2022	2023
小麦	115	112	112	113	115	117
早籼稻	120	120	121	122	124	126
中晚籼稻	126	126	127	128	129	129
粳稻	130	130	130	130	131	131

注：表中价格均为当年产普通中等最低收购价。

二是实施目标价格补贴。粮食最低收购价和临时收储政策有效调动了农民种植积极性，保持了主要农产品生产基本稳定，但也造成了相关产品库存剧增、供过于求、国内外价格倒挂、财政压力加大等诸多问题，实施新一轮的调控政策已迫在眉睫。为此，2014年中央一号文件提出"探索推进农产品价格形成机制与政府补贴脱钩的改革，逐步建立农产品目标价格制度"。2014年以来，先后启动东北和内蒙古大豆、新疆棉花目标价格补贴试点，探索粮食、生猪等农产品目标价格保险试点。2017年国家取消大豆目标价格政策，实行市场化收购加补贴制度。继续实行并完善棉花目标价格补贴政策，棉花目标价格水平三年一定，2017—2019年新疆棉花目标价格水平为18 600元/吨。2020年继续在新疆实施棉花目标价格补贴政策。

三是实施"市场化定价＋生产者补贴"。2016年政府取消玉米临储政策，2017年取消大豆目标价格补贴，均改为"市场化定价＋生产者补贴"的新机制。改革后，玉米和大豆的价格均由市场形成，供求关系靠市场调节，生产者随行就市出售，各类市场主体自主入市收购。同时，政府对玉米和大豆生产者给予一定的直接补贴，保障种植者的基本收益。

2. 完善粮食等重要农产品储备调节机制

在农产品价格形成逐渐向市场主导和调节转变的情况下，为了避免出现价格的大幅波动造成生产供应的增减起落，威胁国家粮食安全，我国对部分农产品实行国家储备调节，通过高抛低储的方式，平抑市场价格波动，稳定市场供应。

一是完善粮食购销储备制度。按照《国务院关于进一步深化粮食流通体制改革的意见》（国发〔2004〕17 号）的要求，实施中央和省级政府粮食事权划分，健全和完善粮食储备制度和调控机制，逐步完善中央储备粮管理体系。2006 年中央一号文件明确提出"深化国有粮食企业改革""加强国家对粮食市场的宏观调控"，加快建立符合市场化改革要求的中央储备粮调控机制，防止粮食价格的大幅波动。党的十八大以来，我国不断完善中央储备粮管理体制，强化地方储备责任，同时严格政策性粮食监督管理，确保储备安全。

二是实施重要农副产品储备与市场调控。除了粮食之外，我国还对棉花、油菜籽、食糖、天然橡胶、猪牛羊肉等农产品进行储备，以调控市场，平衡供求。党的十八大以来，纳入国家宏观调控的农产品明显增加，储备品种结构和区域布局不断优化，粮棉油糖进口转储制度持续完善。

专栏12　粮食应急储备、调节机制

党的十八大以来，为适应市场形势新变化，国家积极推动粮食收储制度改革，坚持并完善小麦和稻谷最低收购价政策，坚持市场化改革取向和保护农民利益并重，合理确定最低收购价格水平，充分发挥市场配置粮食资源的决定性作用。

应急粮食保障直接关系群众生活和社会稳定。我国基本建立了涵盖储运、加工、配送、供应等全链条的粮食应急保障体系。

为稳定口粮生产，综合考虑粮食生产成本、市场供求、国

内外价格和产业发展等因素，国家适当提高小麦、稻谷最低收购价格水平，其中小麦最低收购价已连续三年提高，早籼稻连续四年提高，之前中晚籼稻也连续三年提高，有利于保障农民的种粮利益，坚定农民的种粮信心，促进粮食特别是口粮生产供应稳定和市场平稳运行。

到 2022 年底，全国共有粮食应急加工企业 6 584 家、应急储运企业 4 846 家、应急配送中心 3 542 家、应急供应网点 56 495 个。应急加工能力每天可达到 164 万吨，能满足全国人民 2 天的需要。

（来源：人民网，2023 年 5 月 12 日）

（五）农业保险支持

农业保险是现代农业风险管理的基本手段，是农业支持保护体系、农村社会治理体系、农民生活保障体系和农村金融服务体系的重要组成部分。近年来，在中央财政补贴政策支持下，我国农业保险发展迅猛，在保障国家粮食安全、稳定种粮农民收益、防范化解农业生产风险、促进乡村产业振兴等多个方面发挥了重要作用，成为推进农业农村现代化和建设农业强国的重要支柱。2023 年中央一号文件提出，要"逐步扩大稻谷小麦玉米完全成本保险和种植收入保险实施范围""实施好大豆完全成本保险和种植收入保险试点""优化'保险＋期货'""鼓励发展渔业保险"，继续发挥农业保险的风险保障作用。

随着财政支持力度持续加大，农业保险覆盖范围不断扩大。从区域上看，目前开办区域覆盖了全国所有省（自治区、直辖市）。从保险机构看，我国农业保险经营主体已由 2007 年的 6 家增加至 2022 年的 30 余家，多数省份有 3 家以上机构参与经营。从基层服务看，全国建成农业保险基层服务网点 40 万个，基层服务人员近 50 万人，基本覆盖所有县级行政区域、95% 以上的乡镇和 50% 的行政村，为农业提供保驾护航能力不断增强。从保险标的看，涵盖了农村、农业、农民、生产、生活、生态等多个方面，涉及种植业、养殖业、林业、地方优势特色农业产业等多个产业，既包括水稻、马铃薯等大宗农产品，也包括生猪、奶牛、水产等重要畜禽产品，还包括苹果、枸杞、茶叶等地方特色农产品。从保险产品看，既有收入保险、气象指数保险、质量安全保险等创新，也有与信贷、期货等多种金融工具融合的"农业保险＋"。

据全国农业保险数据信息系统统计，2022 年，我国农业保险为 1.67 亿户次农户提供风险保障 5.46 万亿元，支农、惠农、富农、强农作用进一步发挥，实现农业保险保费规模 1 219 亿元（国家统计局数据），同比增长 23%。其中，中央财政拨付农业保险保费补贴 434.53 亿元，同比增长 30.3%，继续保持高增速，农业保险对农业生产的风险保障作用不断增强。总的来说，农业保险成为化解农业风险、稳定农业生产和增加农民收入的重要政策工具，是国家强农惠农富农政策的重要内容、农业支持保护的重要手段和农业现代化的重要支柱。具体体现在以下几个方面。

专栏 13　2022 年我国农业保险具体情况

2022 年，在中央财政支持下，我国农业保险继续"扩面、增品、提标"，在稳定农户种粮收益、支持乡村振兴战略、服务保障国家粮食安全方面发挥积极作用。

据全国农业保险数据信息系统统计，2022 年，我国农业保险为 1.67 亿户次农户提供风险保障 5.46 万亿元，农业保险支农、惠农、富农、强农作用进一步发挥。全年实现农业保险保费规模 1 192 亿元（财务部年初公布的数据），同比增长 23%，巩固我国农业保险保费规模全球第一地位。其中，中央财政拨付农业保险保费补贴 434.53 亿元。

（来源：人民网，2023 年 2 月 8 日）

1. 农业保险覆盖面不断扩大，粮食安全保障水平持续提升

一是稻谷小麦玉米三大主粮风险保障水平不断提高。2022 年，在全国 13 个粮食生产大省的产粮大县实施包括物化成本、租地成本和人工成本在内的完全成本保险。截至 2022 年底，三大粮食作物农业保险覆盖面达到 80% 以上，完全成本保险和种植收入保险实现 821 个产粮大县全覆盖。2023 年中央一号文件指出，要"逐步扩大稻谷小麦玉米完全成本保险和种植收入保险实施范围"，让更多地区的农户能够享受更高水平的保障。

在实践层面来看，各保险机构也在加快推进三大主粮完全成本和收入保险，例如，中国人民财产保险股份有限公司（以下简称人保财险）在 14 个省份 644 个县（市、区）为 2 741 万户次农户提供 2 378 亿元风险保障，并在黑龙江、内蒙古开发大豆玉米带状复合种植保险。中原农业保险股份有限公司（以下简称中原农业保险）构建了玉米、小麦、水稻的物化成本、完全成本、收入保险等多层次的保险产品体系，在 85 个县（市、区）开展三大主粮作物完全成本保险，平均保障额度提升至每亩 1 000 元。在全国率先开展主粮土地托管履约、土地托管产量等创新型保险，培育壮大社会化服务体系。国元农业保险股份有限公司（以下简称国元农业保险）2022 年在安徽省 51 个产粮大县承保 8 205 万亩次，为 692 万户次农户提供风险保障 689 亿元，支付赔款近 30 亿元，受益农户 313 万户次，经办区域内三大粮食作物完全成本保险承保覆盖率达到 95% 以上。同时，在非产粮大县开展补充性商业保险，承保粮食作物"基本险＋

补充性商业险"610 多万亩，为 80 多万户次农户提供风险保障 24 亿元，支付赔款 1.2 亿元，受益户次 21 万户次。

二是开展制种保险，助力种业振兴。种子是农业的"芯片"，种源安全关乎国家安全。种业的高质量发展是保障国家粮食安全的重要基础，种业涉及种子资源保护、研发育种、制种繁种、种子加工、推广销售等环节，具有投入大、环节多、周期长、技术要求高等特征，极易受到来自自然气候条件、市场、技术等多方面不可控因素的影响，在研发育种、推广销售等环节面临知识产权保护不力、丢失、诉讼等风险。而种业保险的介入，可以有效分散农业产业链上游风险，增强种业企业的抗风险能力和融资增信能力，弥补种子"育繁销"体系中各环节可能遭受的损失。无论是制种保险、储运保险、种企责任保险，还是"种子+气象指数"保险，在分散和转移种业产业链风险、提高种企研发积极性、提高农户制种积极性、助力种企发展壮大中都发挥了重要作用。

在实践层面来看，尽管我国种业保险起步晚，但经过十余年的探索，种业保险业务不断拓展，保险品种不断丰富，风险保障作用不断增强。种业保险越来越受到各级政府和保险公司的重视，保险标的也从主粮作物向经济作物、从种植业向养殖业、从生产环节向产销全程延伸。例如，国元农业保险于 2022 年在安徽与种业企业进行需求对接，开展种业振兴保险服务专项行动，与 850 多家种业企业进行对接，承保杂交稻、常规稻、小麦制种保险面积 29.5 万亩，为 875 户制种企业提供风险保障 1.8 亿元。中原农业保险在延津等 13 个小麦制种保险试点的基础上，进一步丰富制种保险种类，在开封尉氏县开展花生制种保险试点，在济源、周口开展蔬菜制种保险试点。2022 年，中原农业保险累计为小麦、花生、蔬菜等制种企业提供 2.24 亿元风险保障，已决赔款 623.03 万元，并与国家生物育种产业创新中心签订战略合作协议，助力制种产业发展。太平洋安信农业保险股份有限公司（以下简称太平洋安信农险）扩大种业保障面，推出 4 款制种保险产品，分别为水稻制种、蔬菜制种、种禽、种公猪，2022 年为水稻制种保险提供 6 642 万元风险保障。

三是创新高标准农田保险，夯实粮食生产根基。高标准农田建设是实施"藏粮于地、藏粮于技"战略的重要抓手。习近平总书记指出，要突出抓好耕地保护和地力提升，坚定不移抓好高标准农田建设，提高建设标准和质量，真正实现旱涝保收、高产稳产。2023年中央一号文件指出，"要加强高标准农田建设""制定逐步把永久基本农田全部建成高标准农田的实施方案"。《全国高标准农田建设规划（2021—2030 年）》指出，到 2030 年，我国将建成 12 亿亩高标准农田。但在高标准农田建设过程中，存在着工程质量不高、重建轻管、长效管护措施不完善等问题。引入保险机制，由保险公司承担工程建设质量缺陷或意外事故、自然灾害造成的损毁修复责任，充分发挥保险在事前评估、事中预防、事后赔偿方面的功能作用，通过市场化机制防范和化解农田建设工程质量潜在风险，进一步压实工程质量管理责任，延长质量管护周期，规范施工单位的质量行为，从而切实提高农田建设项目管理水平、提升高标准农田建设工程质量、完善建后工程管护保障机制。

近年来，多地探索开展高标准农田建设工程质量保险，通过引入第三方质量风险管理机构，在施工过程中对项目区工程质量监督把关；在保险期内，定期对工程养护、看护活动进行巡查；在接到项目所在镇村损毁报险后，组织施工单位对损毁工程进行维修，支付维修费用等理赔事宜，对加强高标准农田工程后期质量管理发挥了积极作用。例如，2022 年安徽省农业农村厅出台《安徽省高标准农田保险试点工作实施方案》，国元农业保险作为承办机构，在滁州、黄山、六安等 6 个市继续开展高标准农田保险，12 月在黄山区开出首张保单，保额 1 123 万元。中原农业保险在通许县高标准农田综合保险试点基础上，继续完善高标准农田设施"建、管、护"服务机制，为开封、漯河、安阳等地高标准农田提供管护和风险保障 4.31 亿元，建立农险协保员、惠农专员田间日常巡查机制，提供长达 5 年的高标准农田后期管护，有效破解了高标准农田主体不明、职责不清、管护不好等难题。

2. 地方特色优势保险不断增品扩面，助力乡村产业振兴

我国地域幅员辽阔，不同地区农业生产条件各异，优势特色农产品种类丰富，具有突出的生产优势。同时，14 亿的城乡人口和发达的物流网络，为地方特色农产品销售提供了广阔的消费市场和基础保障。近年来，各地立足农业资源禀赋优势，把"一村一品、一镇一业、一县一特"作为发展特色产业、促进乡村产业振兴的重要抓手，整合产业链条、强化品牌培育，带动农民增产增收。在各地政府和监管的指导下，农业保险也在支持地方特色农业产业风险分散、稳定农民种养收益上发挥着积极作用。

中央财政不断加大对地方特色优势农产品保险的支持补贴力度，截至 2022 年底，中央财政支持的地方优势特色农产品保险已超过 250 种，以奖代补资金规模达 59 亿元，以奖代补实施范围从 20 个试点省份扩大到全国，补贴品种完全放开，由每省不超过 3 个拓展为省级财政自主决定品种数量。2022 年，湖北、河南、青海等多地银保监局发文提出，要因地制宜发展地方优势特色农险，将地方特色农险发展作为重点、推进特色农险增品扩面。

例如，中原农业保险围绕"发展特色富民产业，构建多元化食物供给体系"，以服务现代农业产业园为主要抓手，将特色产业保险机制纳入产业发展政策工具箱，用足用活中央及省级特色保险奖补政策，开发成本、价格指数、气象指数、草原及林业碳汇指数、期货价格保险品种达 160 个，覆盖全国 111 个县（市、区）。防范特色产业市场风险，开发大蒜、果蔬、辣椒等品种的价格保险，如开封市大蒜价格保险农户亩均获得赔款400余元。助力打造农产品区域性公共品牌，率先开展奶山羊龙头企业"链主"保障、"赤诚峰味"公共品牌保障及"天赋河套"公用品牌保障等模式，保障敖汉小米等10余种绿色产品。促进特色产业融资贷款便利性，与微众银行合作以保单增信为基础的线上化信用贷款，2 000余户农户获得授信1.87亿元，切实增强产业增收新动能。

3. 试点探索渔业保险，提升渔业风险保障水平

2023年中央一号文件指出，"鼓励发展渔业保险"。渔业是我国农业农村经济的重要组成部分，也是践行大食物观、向江河湖海要食物的主力军。我国渔业基本形成陆地水面水产养殖业、近海水产养殖业、深远海水产养殖业、远洋捕捞业和水田稻鱼虾蟹连作或共作等多元化、多层次的水产养殖及其加工产业结构。数据显示，2022年我国水产品年产量6 865.9万吨，稳居世界第一，人均占有量超过45千克，是世界平均水平的2倍。渔业是关乎国计民生的重要产业，但渔业生产面临着灾害多、灾损重等突出问题。我国渔业保险的保障水平不高，缺乏中央财政农业保险保费补贴。

有些地区渔业保险已经开展了多年，并取得了一定成效。例如，2013年起，国元农业保险作为承办机构，与中国渔业互保协会通过共保形式开展水产养殖保险，试点区域覆盖安徽省16个地级市75个县（市、区）、湖北省3个地级市7个县（市、区）、河南省1个县（市、区），截至2022年底，累计承保水产养殖保险687.5万亩，保费收入9.8亿元，提供风险保障148.2亿元，累计支付赔款6.6亿元。其中，2022年国元农业保险承保了淡水养殖（鱼）保险、小龙虾养殖保险、黄鳝养殖保险、泉水养鱼保险、小龙虾价格指数保险、小龙虾天气指数保险、河蟹养殖物联网天气指数保险、鱼类天气指数保险、螃蟹养殖保险、甲鱼养殖保险、稻虾养殖保险共11个品种，承保面积222.3万亩，保费收入3.3亿元，为10 838户养殖户提供风险保障49.8亿元,支付赔款2.1亿元,受益户次8 833户,户均赔款2.4万元,简单赔付率为64%。四川省都江堰市自2010年开始实施政策性渔业保险试点,经过多年实践,探索建立了75%两级财政补贴机制,成都市、都江堰市分别按照保费的50%、25%对养殖主体进行补贴,养殖主体自缴25%,以提高养殖户的积极性。同时建立了"财政部门+农业部门+镇(街道)+保险经办机构"四方渔业保险联动宣传机制,每年均能实现向渔业养殖主体政策宣传范围全覆盖。都江堰市水产养殖保险品种已涵盖12种主要鱼类,保费规模超过127万元,年均赔付率达59%,充分体现了政策性渔业保险工作的兜底性。中航安盟财产保险有限公司(以下简称中航安盟保险)2022年承保水产保险221万亩,为721户养殖户提供风险保障6.15亿元,全年支付赔款2 650.40万元。上海太安农业保险研究院参照互助模式实施虾类保险,并从常规养殖保险向指数保险和收入保险拓展,2022年在上海开展了南美白对虾大棚风力指数保险、价格指数保险、稻田小龙虾收入保险,解决了水产养殖保险查勘难题,虾类保险覆盖率达到100%。

专栏14 中国渔业互助保险社成立

以"互助共济、服务渔业"为宗旨的中国渔业互助保险社于2023年2月15日在北京成立。该保险社旨在提升渔业风险保障水平,推动渔业高质量发展。

近30年来,我国作为渔业大国,培育了具有一定规模的渔业保险市场。2023年的中央一号文件提出,"鼓励发展渔业保险"。中国银保监会于2023年2月批复中国渔业互助保险社及辽宁、大连、广西、海南4家省级分社开业。

农业农村部副部长马有祥表示,中国渔业互助保险社顺应了中央加强和完善现代金融监管的新形势新要求，肩负着新时期渔业风险保障的职责使命。成立中国渔业互助保险社，是金融服务乡村振兴战略和农业强国建设的重要举措，是完善渔业风险保障体系的重要安排。他表示，中国渔业互助保险社发展要扎根基层，服务渔民，统筹好保险社和渔民会员利益，让发展成果更多惠及渔民会员，切实发挥好渔业安全和渔区社会运行的稳定器作用。持续推进保险服务向渔业上下游延伸，强化"保防救赔"一体化，为渔业高质量发展提供更加专业、更有效率、更低成本、更广覆盖的风险保障支撑。

中国渔业互助保险社由中国渔业互保协会联合有关省份渔业互保协会发起筹建，接受农业农村部的行业指导和中国银保监会的监管，主要开展渔业行业内的财产损失保险、责任保险、意外伤害保险及上述业务的再保险业务等。

（来源：新华网，2023年3月18日）

4. 创新保险服务模式，以"保险＋"助力乡村振兴

"农业保险＋期货"，分散市场风险。通过期货机构将保险产品中涉及的价格风险转移至期货市场进行分散，将农户、新型农业经营主体、农业产业链企业等涉农主体与保险进行对接、保险与期货进行对接，畅通了涉农主体通过期货及衍生品市场规避农产品价格风险的渠道。例如，中原农业保险利用"保险＋期货"价格风险转移机制，将广大小农户与现代金融市场对接，保险产品覆盖23个县（市、区），连续两年承办国内规模最大的苹果、花生"保险＋期货"项目，亩均保险金额分别达到13 000元、1 900元，户均赔款额分别为4 000元、780元，2022年"保险＋期货"保费收入8 422.45万元，提供风险保障20.84亿元。

"农业保险＋信贷"，发挥农业保险融资增信功能。农业保险具

有基层网络健全、联系农户紧密的优势，通过与银行机构合作，以农户投保的信息为基础，发挥农业保险融资增信功能，拓宽农业生产经营主体融资渠道，盘活"三农"领域可用信贷资源，为金融服务乡村振兴注入新动能。例如，国元农业保险创新金融服务"三农"新机制，加强与保险、农担、涉农银行等金融机构合作，创新推出"助粮贷""农保贷""活体贷"等产品，打造"一码一区""见码放贷"的新型农村供应链金融体系，进一步降低新型农业经营主体融资成本，提高授信额度，延长贷款期限。2022年国元农业保险帮助淮北等10多个市1 500多户农户争取贷款金额3.5亿元。

"农业保险＋订单"，助力现代农业产业发展。利用订单农业的市场性、契约性和预期性特征，通过先签合同再种植的形式，建立起种植户、加工企业等不同主体间的利益联结机制，确保价格稳定、不愁销路，让农户提前锁定收益，从而保护农民的生产利益和持续生产能力。保险的介入则让双方利益都有了保障，也让这一经济活动形成闭环，银行机构在见到保单后便可以放心放贷。保险公司与银行机构共同为农业企业提供综合金融服务，通过金融工具无缝衔接的一揽子方案，分散了经营风险，有效解决了"贷款难、放款慢"的问题。

专栏15　"保险＋期货"模式发展情况

2023年中央一号文件明确提出"发挥多层次资本市场支农作用，优化'保险＋期货'"，这也是自2016年"保险＋期货"首次被写入文件后，连续8年被提及。在多位业内人士看来，期货作为金融市场的重要分支，如何与保险、银行等金融机构多层次结合，将是今后资本市场服务"三农"的着力点。

中粮期货"保险＋期货"业务总监陈驰向记者表示，2023年中央一号文件从表述上先提"发挥多层次资本市场支农作用"，再提"优化'保险＋期货'"，这将为该业务模式优化发展进一步举旗定向。"保险＋期货"作为解决长期困扰"三农"健康发展风险而生的业务，它用最直白的语言向普通农户讲金融，用最实际的办法为农户解决难题。

（来源：光明网，2023年2月15日）

5. 完善保险服务手段，让理赔更高效便捷

开发建设线上服务平台。依托大数据、物联网、3S等技术，不少保险机构都开发了自己的App、公众号、小程序等线上服务平台，实现承保线上化、核保自动化，极大地简化了流程，保险服务更加方便、快捷、高效。例如，中原农业保险建成以"I农险"App为核心、以公众号和小程序为辅的线上服务平台，线上作业工具覆盖101个县（市、区），承保周期缩短至6天，并实现1小时内极速理赔。

科技赋能农业保险。科技创新与应用让农业保险的风险识别、管理、评估更加精准、高效。例如，中原农业保险全面更新基层服务工具，按县（市、区）100％配置无人机，并成立无人机飞行大队，实现专业人员与专用机型服务区域全覆盖，作业精度与服务效率大幅提升。中航安盟保险推动智慧农险建设，通过风险地图、客户关系管理系统从源头识别风险，利用卫星遥感"天空地"体系、影像检索系统对业务实况跟踪追溯，通过气象监测预警、火易见等系统对未来可能发生的风险进行预判和推断，并将信息及时传递给广大农户，通过"大数据＋物联网"建立水产养殖防灾减损系统，全过程监管水产养殖。

以监管促进耕地保护。党的二十大报告强调，全方位夯实粮食

安全根基。建立健全耕地保护机制尤为重要，农业保险在保护耕地、夯实国家粮食安全根基中要发挥风险保障作用。例如，上海松江区推出耕地地力保险，将保险的"逆向赔付"转变为"正向激励"，通过对耕作层厚度、土壤有机质含量两项反映地力水平的核心指标进行客观监管和评价，对地力水平达标者予以奖励，鼓励生产者主动提升地力。耕地质量评价以五年为一个周期，保费为每年80元/亩，市、区财政分别补贴40%，家庭农场主只需承担20%，即每年16元/亩。投保前，由第三方专业机构对耕地质量进行检测，确立耕地质量的基础值，第三年进行耕地质量"期中评价"，对耕地质量不下降、提升一级、提升二级、提升三级、提升四级的，由太平洋安信农险做出理赔，家庭农场主可拿到每亩120元、216元、312元、408元、480元的奖励。在第五年对土壤有机质含量和耕作层厚度做"期末评价"，达标后家庭农场主拿到的奖励更高。全区460多户家庭农场投保，覆盖面积近8万亩，占比超过50%。

6. 拓展保险服务内容，全方位保障农业农村各领域

融入农业社会化服务体系建设。发展农业生产托管是促进农业规模生产、引领小农户与现代农业发展有机衔接的重要途径。代耕代种、代管代收、全程托管等有效解决了农村土地"零碎化"、农业生产"低效化"、农村"空心化"和土地抛荒等问题。农业保险可以发挥托底保障功能，大大消除农民的后顾之忧，提高土地托管的安全性，助力农业社会化服务高质量发展。例如，在安徽淮南开展"两委托、两跟进、一托底"的农业生产大托管模式，即农民将耕地委托给村集体、村集体将耕地集中委托给社会化服务组织生产经营，农业服务公司和农技部门跟进技术服务、银行跟进金融贷款服务，保险公司提供收入保险托底，让农业生产变得更简单、更集约、更高效，受到广泛关注和认可。2022年国元农业保险服务淮南托管土地种植面积60多万亩，赔付金额4 242万元，简单赔付

率达154%。山西长治市屯留区推出玉米成本商业保险，地方财政为玉米全程托管每亩补助19元保费，服务主体每亩承担23.5元保费，享受每亩650千克保底产量的保额。

融入农业防灾减灾体系建设。2023年中央一号文件指出，"加强旱涝灾害防御体系建设和农业生产防灾救灾保障"。从农业保险的实践经验来看，相较于给予灾后经济补偿，政府和农户更加在乎的是粮食生产是否丰收，因此，防灾防损显得尤为重要。保险机构也正在融入农业防灾减灾体系建设之中，例如，中华财险坚持"防重于赔"理念，开展农业风险减量服务，持续升级"云保险鱼塘""卫星遥感火点监测""保防救赔"等风险管理手段，提高防灾减灾救灾能力，提升农业风险减量的服务水平，2022年承保各类粮食作物1.2亿亩，在应对台风、暴雨、洪涝等灾害，特别是在应对北方暴雨洪涝灾害和南方特大干旱中发挥了积极作用。人保财险一直探索实践农业保险从注重灾后救助向注重灾前预防转变，从应对单一灾种向综合减灾转变，从减少灾害损失向减轻灾害风险转变，由"履行赔偿责任"向"风险减量管理"转变。

由单一农业保险转向综合保险。太平洋安信农险创新开发新型农业经营主体综合保险，涵盖种养、收益、设施、人身、食品安全等责任，保障新型经营主体做大做强。国元农业保险实施"防贫保"综合保险，针对脱贫和监测帮扶对象，实施"3＋N"一体式综合保险，即特色农产品保险、健康保险、意外伤害险，再加基本生活保障保险、家庭财产损失保险、教育升学补贴保险、履约保证保险等，每年投保246.17万人次。国元农业保险还创新推出包括雇主责任、产品溯源、产品品质等在内的农业生产大托管"一揽子"综合保险，建立起覆盖托管全过程和人财物全方位的保险保障体系，全年提供风险保障5.4亿元。

由农业领域延至农业农村领域。当前农业保险已不仅仅局限在农业生产领域，而是拓展至产业发展、生态建设、社会治理等各个领域。在农村产业建设方面，服务于现代农业新业态，农产品溯源保险、地标知识产权保险、食品安全责任保险等产品，助力农产品品质提升和品牌打造。在基础设施建设方面，围绕高标准农田建设、农村公路、仓储保鲜冷链物流设施、农房等，保险产品不断升级，助力宜居宜业和美乡村建设。在生态环境建设方面，围绕绿色农业，秸秆离田补偿保险、施用"沼液"种植保险、化肥农药减量增效保险等产品，助力农村绿色低碳转型发展。在社会治理方面，农村综合治安保险、农房保险、农村地区专属人身险等产品，助力乡村治理有效。

（六）农产品期货介入

农产品期货主要是指农产品交易过程中，双方在当前制定未来某一时刻农产品交易的价格，是根据农户和企业需求来进行规避农产品价格波动风险的金融工具。农产品期货可以有效地优化农产品在时间和空间上的供求关系，缓解农产品价格波动的风险。作为现代市场经济的重要组成部分，农产品期货市场在我国"三农"发展中发挥着重要作用。国家对农产品期货市场的发展非常重视，从2004年中央一号文件明确提出"完善粮食现货和期货市场"，至2023年，历年的中央一号文件都指出要加强农产品期货市场建设，优化"保险＋期货"，充分发挥农产品期货市场引导生产、规避风险的积极作用。我国农产品期货市场自20世纪90年代产生以来，至今已经发展了30多年，在交易品种上，截至2022年底，我国共上市农产品期货品种26个，涵盖粮、棉、油、糖、林果、禽蛋等主要大宗农产品领域，在粮食、饲料、油料、纺织等领域形成了门类比较齐全的农产品期货交易体系（表3）。农产品期货市场价格发现与风险规避两大核心功能的有效发挥在解决"三农"问题中起到了不可替代作用。

表 3　我国农产品期货上市品种概览

类别	上市品种	所属交易所
粮食类	普麦、强麦、早籼稻、晚籼稻、粳稻、花生	郑州商品交易所
	黄大豆 1 号、玉米、玉米淀粉、粳米	大连商品交易所
油料类	油菜籽、菜籽油	郑州商品交易所
	豆油、棕榈油、黄大豆 2 号	大连商品交易所
饲料类	菜籽粕	郑州商品交易所
	豆粕	大连商品交易所
禽畜及其产品类	鸡蛋、生猪	大连商品交易所
纺织类	棉花、棉纱	郑州商品交易所
糖料类	白糖	郑州商品交易所
林木类	纤维板、胶合板	大连商品交易所
果蔬类	苹果、红枣	郑州商品交易所

资料来源：期货交易所官网。

1. 价格发现

（1）期货市场价格发现功能的定义

期货市场的价格发现功能主要是指在期货市场通过公开、公正、高效、竞争的交易运行机制，形成具有公开性、预期性、连续性和权威性价格的过程。相较于现货市场，期货市场通过不断吸收、充分反映市场上的所有信息，对新的信息做出反应，从而提前反映出现货价格未来的变动趋势。如果期货市场能够及时将信息有效地反映在价格的变化上，逐步达到与现货价格的均衡状态，那就可以说期货市场具有价格发现功能。期货价格是期货市场中大量理性经济人对将来现货价格的理性预期，从期货合约开始至临近到期日，期货交易者有效地对已掌握的市场信息进行解剖分析，期货价格通过不断吸收、充分反映市场上的价格信息，逐步趋近于到期日的现货价格。在期货市场上通过公平、公正、公开、高效、竞争的期货交易机制形成的期货价格，具有真实性、预期性、连续性的特点，能够比较真实地显现出未来价格的走向，从而更好地指导商品的生产经营管理。

（2）农产品期货市场价格发现功能的发挥

农产品的生产虽然受到各种因素的影响，但是长期来看，农产品的生产者和消费者都会对农产品价格有普遍的心理预期。期货市场价格发现功能的实现是以市场信息充分反映为前提的。期货市场中信息的公示、传递及反馈是期货市场发现价格的信息基础体系，通过有效的信息基础体系促进期货市场形成合理价格，并进一步预测现货价格，从而有效发挥期货市场的价格发现功能。一方面，参与期货交易的投资者都能够通过市场中可获取的信息做出相应决策，从而获取更高的利润。因此，期货市场中投资交易者与生产经营者为了获取更多的利润实现利润最大化，都会尽可能地获取更多的市场有利信息，使未来价格预测值与实际现货价格相似，这时期货市场的价格发现功能将得到有效发挥。另一方面，市场中的竞争状态使期货市场对新的价格信息充分及时准确地反映在期货价格上，使其形成新的价格均衡状态。当期货市场出现的新信息与实际状况有别时，期货市场价格没有处于有效均衡状态，也就是期货价格没有全面充分地将价格信息反映到现货价格时，这类交易者可以及时对价格做出一定的调整，从而使形成的价格随之发生变化。因此，在期货市场中形成的价格，能够比较合理地反映和预测未来的价格状况，并且引导现实商品价格的形成，所以农产品期货市场功能发挥效率的高低主要反映在价格发现功能上。在价格发现功能发挥上，豆油、豆粕、白糖等品种的期货价格和现货价格拟合度高，已成为国内相关产业的定价基准；棕榈油等品种经过多年发展，形成的"中国价格"在国际市场的影响力不断提升。2022年，生猪的期货价格现货价格相关性高达85%。

（3）农产品期货市场价格发现功能形成原因

一般来说，无论哪种上市农产品品种，其期货市场的价格发现功能要强于其对应的现货市场，这得益于许多原因。一是诸多的参与者。期货市场交易有诸多参与者，期货合约的卖方代表着供给者方的力量，期货合约的买方代表着需求者的力量，交易者汇集在一起通过竞争的方式能够将影响期货价格的各类因素得以统一，最终以期货成交价格的形式呈现。二是专业素养较高的投资者多。对于大多数的投资者，他们在期货市场上多年多次交易，累积了丰富的经验，通过不断吸收、充分反映市场上的价格信息，结合自己的专业知识，做出选择。因而，这个价格在一定程度上，能够代表供求变动的趋势。三是透明度高的期货交易过程。标准化期货合约制度是指期货交易所统一除价格以外的其他属性，每一份标准化合约在商品质量、报价单位、交易时间、最终交易日等方面都有严格的制度规定，明确真实，具体公开。另外，按时间和价格优先原则进行交易的制度保障了公平合理的竞价交易，更真实地反映价格的变动，有利于增强价格发现功能。

专栏16　生猪期货市场价格发现功能应用的典型案例

生猪作为我国畜牧业中养殖规模最大的品种，"猪周期"现象一直是生猪价格波动的典型特征，同时市场上缺乏有效的远期价格指导，生猪养殖户往往在养殖规模上"追涨杀跌"，盲目扩大或缩减产量，生猪养殖的价格波动风险令生猪企业链上各经营主体深受困扰。随着2021年生猪期货在大连商品交易所上市推出，市场上风险管理工具进一步完善，增强了当地生猪产业承受市场价格风险的能力，为生猪保价格、稳供给提供助力，有效帮助当地生猪养殖户转移猪周期阶段生猪价格波动风险。

从 2021 年 1 月 8 日至 2023 年 1 月 31 日我国生猪期货及现货价格的趋势图中可以看出，我国生猪期货价格与现货价格的波动方向趋于一致，我国生猪期货价格对现货价格的发现功能在逐步增强，期货市场对生猪现货市场未来价格进行预期的效果已经开始显现。

我国生猪期货及现货价格趋势图

数据来源：期货价格数据来源于 CSMAR 数据库，现货价格数据来源于布瑞克农业数据库。

2. 套期保值

（1）套期保值的定义

套期保值就是在期货市场上买进或卖出与现货数量相等，但交易方向相反的商品期货合约，以期在未来某一时间通过卖出或买进相同的期货合约对冲平仓，结清期货交易带来的盈利或亏损，以此来补偿或抵销现货市场价格变动带来的实际价格风险或利益。价格风险是市场经济中经常面临的风险，现代期货市场得以发展的主要原因是其可为作为风险厌恶者的生产经营方规避、转移价格风险。在正常情况下，同一种商品的现货市场和期货市场在将来一定时期内因为受到相同的供求关系，它们的价格走势是基本相似的。假如两者趋势完全相同的话，在忽略交易成本的情况下，为了锁定未来现货的价格，通过相反操作，买进或卖出数量相同的期货合约。

（2）期货市场套期保值功能的发挥

通过多年对产业客户的培育，利用农产品期货市场进行风险对冲如今已经成为许多现货企业的共识。套期保值遵循的经济原理有两个：一是同种商品价格走势与现货价格走势基本一致，由于某一方面特定的商品的期货价格和现货价格在同一市场环境内会受到相同经济因素的影响和制约，因而一般情况下两个市场的价格变动趋势相同，套期保值者利用两个市场上的价格关系，取得在另外一个市场上出现亏损的同时，在另外一个市场上必定会盈利的结果。二是现货市场价格与期货价格随期货合约到期日的临近，二者会逐渐接近，到交割时期货价格与现货价格趋于一致。期货交易在合约到期时一般进行实物交割，到交割时，如果期货价格和现货价格不一致，就会存在套利行为，因而期货价格与现货价格趋于一致。套期保值者是以放弃获得最大利润的机会为代价，和以避免可能遭受最大损失的风险为补偿来实现其稳妥经营战略的。

（3）农产品期货市场中"保险＋期货"模式

"保险＋期货"模式是由多个经济主体在不同市场上进行交易，通过不同金融产品的买进卖出形成完整的风险分散机制，包含农业经营者、保险方和期货方三个利益关联方和现货市场与期货市场两个市场。由于市场变化、极端天气等多种因素，农产品的产量和价格常常出现波动，价格的下跌会给农户带来巨大的损失。在"保险＋期货"模式中，农民与保险公司签订合约，购入农产品价格保险，并支付与投保标相符的保费。合约到期时，若农产品市场价值小于合约规定的保险保障价值，那么保险公司理赔的触发条件就达成，农户就会收到保险公司的赔付。通过这种方式，农民就把农作物价值波动的风险转移给了保险公司，降低了损失。承担赔付风险的保险公司为了降低自身损失，在出售保险产品时，与期货公司签订合约，购买场外看跌期权并支付给期货公司一定数额的期权费，基于这一期权合约，保险公司在农产品价格下跌时可以选择行权，从而将风险传递给期货公司。期货公司则需要根据与保险公司订立的合约，基于保险公司的看跌期权进行对冲操作，如出售数量相等但方向相反的期货合约给期货市场中的投资人，这样就把风险分散给整个期货市场。"保险＋期货"的新模式，可以把农户、农业保险和期货交易三者密切联系。一方面，克服了传统模式下保险公司无法合理承保农产品市场价格风险和保障农民收入的困难。另一方面，使农户能够间接参与期货市场，把现货市场与期货市场进一步连接起来，在有效分散和转嫁农产品价格波动风险的同时，能及时准确地反映农产品的市场供需情况变化，提高了农产品经营者抵抗风险的能力。

专栏17　苹果期货市场套期保值功能应用的典型案例

我国是世界上最大的鲜果类农产品生产国，2021年鲜果产量接近3亿吨、世界占比30％以上，对增加脱贫地区人民收入、巩固脱贫攻坚成果具有重大意义。苹果种植户对自然风险的抵御能力大幅增强。但近年来，随着良种推广、科技应用和技术改进，苹果供给过剩导致"丰产不丰收""果贱伤农"现象日益显现，因此采取科学合理的风险管理模式以转嫁价格风险，从而保障果农收入稳定、促进苹果产业发展已然迫在眉睫。2017年，苹果期货在我国郑州商品交易所挂牌上市，这是世界上现存的唯一一个鲜果类期货品种，引起社会广泛关注。

受2020年坐果期倒春寒天气影响，在苹果收购季，现货收购价处于高位，产业内只能被动接受高价，随着入库结束，产业主体发现入库量同比显著提高，消费不振，库存苹果存在下跌风险。部分产业主体不看好翌年苹果价格，着手从期货上套保，锁定现货销售价格。据了解，2020 年收购期，AP2105 合约最高涨超 8 600 元/吨，而在 2021 年 3 月，当期货价格跌至 5 500 元/吨附近时，部分产业主体结束套保，每吨盈利 3 100 元左右，有效避免了现货价格下降带来的损失。

3. 其他功能

农产品期货市场除价格发现与风险规避两大核心功能外，还具有其他功能。一是资源配置功能。农产品期货价格具有预期性的特征，根据农产品期货价格，农民可以了解到最适合市场销售的产品，从而优化自己的种植计划，合理地配置农业资源、优化农业产业结构，保障农业生产的正常进行。二是信息功能。期货交易所对每天、每月的农产品期货价格信息进行汇总发布，能够集中反映当前农产品现货市场存在的一些问题。这些信息不仅是生产经营者微观决策的依据，也成为国家提前宏观调控农产品市场的参考。三是投资功能。期货交易是一种重要的投资工具，农产品期货能够通过套期保值的方式为现货资产或投资组合对冲风险，从而达到稳定收益。如果正确使用期货套利，则投资者可以获得更多的利益。

四、健全农业风险管理体系的政策建议

加快建设农业强国，是以习近平同志为核心的党中央统筹"两个大局"，着眼全面建成社会主义现代化强国，对新时代新征程"三农"工作做出的战略部署，是筑牢"三农"基础、建设社会主义现代化强国的重要基础。在复杂多变的国际形势下，建设有中国特色的农业强国是一项伟大而艰巨的事业，农业强国必须增强农业发展的韧性，必须着力补短板、强弱项，下大气力增强农业抗风险能力。近年来，我国基本形成涵盖灾害预警监测、植物病虫害防治、动物疫病防控、农业保险、农产品期货、收储调控与贸易救济等在内的农业风险保障体系，在保证粮食安全、稳定农民收入等方面发挥着重要作用。但仍存在风险认知严重不足、风险预警能力不强、风险管理工作合力不够等突出问题，迫切需要与时俱进，健全完善符合国情、农情和发展阶段的农业风险管理体系。

（一）丰富农业风险管理政策工具

农业风险管理是防范和化解农业风险的重要手段。经过多年建设和发展，我国已经形成一系列农业风险管理的政策、技术和措施，但总体来看，应对农业风险的政策工具还较为单一，且大部分由政府提供或主导，市场化农业风险管理的工具，如农业保险、期货期权、抵押担保等还不完善，发展也不充分，各类风险管理政策和工具相互衔接和配合还不紧密，无法形成政策合力。需要借鉴农业风险管理的全球经验，进一步丰富完善最低收购价、疫病防控、贸易合作、信贷担保、保险期货等各种农业风险管理工具，统筹发挥政府和市场作用，提高政策组合效率，更多地利用大数据、保险、担保、期货等手段管理农业风险。要加大改革创新力度，创新发展农产品期货、农业再保险、巨灾保险等金融工具，形成多元化、多层次、多位一体的产品和服务，推动农业风险管理政策工具集成发力。

（二）完善农产品市场风险管理机制

进一步强化政府农产品市场风险管控职能，建立以"市场调节为主，政府调控为辅"的农产品市场调控机制。针对生猪、牛羊等市场化程度高、价格波动大、生产周期长的产品，从生产端、供应端着手，加强产能调控、供应调节、贸易与储备平衡等政策的有效协同。对生猪、禽类等容易短期供应过剩、又不耐储存的产品，在市场调节基础上，特别要加强产能监测与宏观调节，优结构、稳供给，避免市场主体盲目增减产能，造成价格大幅波动；对牛肉、生鲜乳等长期自给率不足、短期受进口冲击大的产品，要强化财政、金融支持，提高产业的长期发展韧性。进一步优化完善冻猪肉等产品的储备调节机制，优化部门联动与沟通协调，提高收储和投放的及时性和精准性。贯彻落实《中华人民共和国防疫法》相关规定，不断完善动物疫病防疫体系，建立健全疫病风险监测和评估机制，严格落实预防、控制、净化、消灭措施，做到早发现、快处置，及时阻断疫病传播链条，减少疫病风险造成的经济损失。发挥好部际、部省等协调联动机制在产能调控、疫病防控、监测预警等方面作用，用好行业组织纽带功能，推动行业持续健康发展。

（三）加强农产品市场监测预警引导

不断夯实监测预警数据根基，建立健全各类农产品全产业链监测预警体系，持续完善农产品供需信息发布制度。牢牢守住数据质量生命线，加大对各品种、各行业统计监测工作的支持力度，推广运用现代化、智能化数据采集技术，提升数据质量管理水平。建立健全专业化数据分析队伍，加强不同口径、不同环节、不同部门数据的比对与分析应用，提高监测预警信息的准确性和权威性。在新闻发布、官方公布、报纸等传统信息发布渠道基础上，创新运用大家喜闻乐见的新媒体等渠道发布信息，提高预警信息传播的深度和广度，更好发挥权威引导信息的引导作用。加强市场信息监管，会同有关部门，严厉查处利用散布虚假动物疫情、供应等信息牟利套利等行为，维护正常生产经营和市场秩序。

（四）强化农业风险管理的科技支撑

科技支撑是提高农业风险管理能力的根本保障。要善于运用新一代的信息技术，创新发展农产品期货、农业再保险、巨灾保险等金融工具，开发保险与衍生品市场组合的多元化农业风险管理工具，强化逆周期保障，提高对重大挑战的判断力。加大农业保险科技赋能力度，建立投保、勘损、理赔等综合服务信息化系统，提高农业保险赔偿能力，鼓励农业保险机构简化交易环节、优化服务模式，解决信息不对称问题。应用互联网、大数据等科技手段，优化或创新农业保险产品形态、组织构架、业务流程、经营模式等，鼓励农业保险机构与农机服务、农技推广等基层农业服务体系开展联合，促进生产技术、防灾技术与保险手段的结合。优化农业领域科技布局，组织科技力量，加快科研攻关和产业化应用，培养打造一批政、产、学、研、用协同合作的科技创新联盟。

（五）提高农业风险管理理论研究水平

要围绕更好地服务农业高质量发展，更好地服务实施乡村振兴战略，进一步深化中国特色农业风险管理理论研究的高度、广度和深度，加强对农业风险管理所涉及的重大理论问题和政策问题的深入思考，探寻中国特色农业风险管理的科学规律。加强学科建设，支持高等院校增设农业风险管理、农业保险专业，培养农业风险管理、农业保险等方面的专业人才。加强继续教育，综合运用集中培训、研讨、进修、案例教学、技术考察、咨询服务、对口培训、网络培训等多种形式，为从事农业风险管理工作的人员提供继续教育服务。加强技能培训，支持各类培训机构加大对农业生产经营主体尤其是新型经营主体的风险教育培训力度，提高利用市场化风险管理工具分散和转移风险的能力。支持企业参与农业风险管理人才培养，引导保险机构建设实训基地、打造人才孵化基地、建设产业学研协同创新基地。加强农民的教育培训，通过举办培训班或依托媒体平台等，提高农民群众对包括农业保险在内的各项风险管理手段的认识，增强风险管理意识和预防能力。

（六）加大农业风险管理宣传力度

加强农业风险管理是推进农业现代化、建设农业强国绕不开的重大时代课题。随着全球气候变化加剧，农业灾害频发，国际农产品市场大幅波动，风险的多发性、突发性和复杂性，对加强农业风险管理提出了新的要求。必须树立系统思维、底线思维和综合风险管理理念，进一步增强忧患意识，将健全的农业风险管理体系作为防范、化解系统性风险的重要基础，把农业风险管理作为完善农业支持保护、服务农业高质量发展和乡村振兴的重要手段，提升到国家战略层面来通盘考虑。充分利用广播、电视、报刊、互联网等媒体，大力宣传农业风险管理的作用和成效，介绍好经验、好做法，统一思想认识，营造良好的舆论氛围，让社会各界都能关心和支持农业风险管理工作。

实践探索篇

一、应对气候变化

（一）中华财险积极投身防汛救灾

中华财险始终把"三农"利益放在首位，近年来积极应对东北旱灾、新疆雹灾、南方寒露风、河南特大暴雨、"杜苏芮"台风等重大自然灾害，充分发挥农险灾害补偿功能，在防范化解农业生产风险、稳定农民收入、完善农业社会支持保护体系等方面发挥了"稳定器"作用。

1. 积极应对河南"烂场雨"

2023 年 5 月下旬至 6 月上旬，河南省遭遇了大范围的连阴雨天气，全境大部分地区降水距平百分率超 200%，这也是河南省近十多年来遭遇的最为严重的"烂场雨"天气，严重影响小麦正常成熟收获，对农户种粮收益产生较大影响。中华财险启动应急预案，成立了分公司主要领导为组长的小麦理赔工作领导小组，统筹推动全省农业保险理赔工作。

一是多方协调，多措并举，全力开展风险减量服务。5 月 29 日，河南省政府发布保障夏粮抢收十大举措，中华财险河南分公司立即组织 18 家地市机构主动对接地方政府以及农机资源，全力开展小麦抢收服务工作，减轻降水对农户收益产生的影响。

二是集中资源，多管齐下，全力做好查勘定损工作。面对小麦农户报案量集中、查勘定损时间紧任务重的实际，中华财险河南分公司主动调集人员、车辆等资源全力投入小麦查勘定损工作中，确保接到农户报案后 24 小时内查勘，48 小时内完成立案。

2. 全力应对"杜苏芮"台风

2023 年第 5 号超强台风"杜苏芮"引发暴雨洪涝灾害，给京津冀、东北松辽流域的部分地区造成了严重影响，导致玉米、水稻、大棚、果树、养殖圈舍及畜禽等保险标的严重受损。面对重大灾情，中华财险第一时间启动灾害应急预案，在地方政府和农业农村部门的指导下，扎实做好防汛救灾和理赔服务，坚持靠前行动重视风险减量，为降低农业灾害损失、保障国家粮食安全，积极发挥保险机构社会"稳定器"作用。

一是多措并举，开展风险减量服务。在河北，分公司通过官方微信公众号发布预警信息，及时将气象灾害提示通知到农险客户；灾情发生后，第一时间采取无人机初测承保区域内受灾 3 万多亩的各类作物；对仍有减损可能的地区，积极开展淹农田排涝、病虫害防治、排水沟渠疏通等风险减量工作，尽量降低灾害损失。在吉林，分公司投入防灾减损资金 156 万元，用于购置排水设备、叶面肥、生活物资，修缮排水工程等用来防汛抗洪，并投入无人机 11 架、车辆 88 台，投入查勘值班人员 147 人，对部分地区通过卫星遥感开展损失跟踪核定。在天津，分公司分两批将救灾物资送至当地政府。武清支公司协同农业专家现场科普专业知识，到村镇一线参与抽水排涝行动，全力协助当地政府开展抗灾减损工作。

二是科技赋能，提高查勘理赔效率。由于部分受灾区域积水严重，短时间内难以进行实地查勘，公司借助科技手段快速了解受灾情况。总公司协调内蒙古分公司派出 3 名技术骨干携带 6 架无人机设备紧急驰援河北涿州、霸州等重灾区，借助无人机智能作业平台实现快速查勘。同时，北京、天津、河北等分公司还启用了卫星遥感服务，为快速查勘定损理赔提供了科技支持。

三是应赔尽赔，积极推动快赔预赔。中华财险认真贯彻落实国办、国家金融监管总局文件要求，加快推进保险理赔工作。总公司和分公司上下联动，多措并举，加班加点加快推进农险理赔，8月17日中华财险完成"杜苏芮"台风大灾理赔款10 186万元，赔付进展达到32.74%，高于国家金融监管总局的进度赔付要求。

（二）航天信德智图利用遥感技术监测小麦灾害

农业遥感灾害监测评估集卫星遥感技术、气象技术、算法及农业模型反演技术于一体，可获取天、地、空多维度的农业生产及气象影像信息，为现代农业精准化、智慧化管理提供技术支撑。航天信德智图（北京）科技有限公司（以下简称航天信德智图）以山东聊城小麦灾害监测项目为试点，利用遥感技术获取小麦种植区域灾前及灾后遥感影像数据、实地调查数据，测量取得小麦灾前及灾后长势结果，形成灾害监测一张图，体现出最终评估的作物灾损情况、等级划定情况的专题图。

一是多源数据联合反演。将包含同一目标或场景的，在空间、时间、光谱上互补的多源遥感数据按照一定算法进行处理，以多维数据联合，实现灾后损失快速评估。

二是实施高频遥感。持续关注灾后农作物恢复情况，如：受风灾后应持续观察农作物倒伏后的成活情况，受涝灾后应持续观察农作物根部浸水对植株的影响以及对于授粉的影响等情况。

三是构建自动化兼顾差异化的农作物生长和产量模型。农作物生长期较长，苗期到收获期间，受多种因素干扰，公司以农业服务的"三张图"模式，将农作物各物候期的分布、长势和灾害初评与气象数据相结合，构建了气象—作物长势和产量反演模型。搭建耕地资源监测、长势监测、灾害评估等专题应用，形成灾害监测监管技术体系框架。

（三）黄土高原旱地苹果节水高效栽培新样板

陕西延安、咸阳等地立足苹果产业发展新形势新要求，不断研究探索，创新集成了以"三强树势打基础、三肥匹配增地力、三项管理早成花、两法蓄水保园墒"为核心的旱地苹果无支架密植节水高效"3332"栽培模式，破解了树势弱、抗旱性差、干性不强、萌芽率低、建园成本高等难题，实现了苹果生产早果早产、节水节本、高质高效，蹚出了适宜黄土高原苹果栽培管理的新路子。

一是重实践、促创新，总结提炼高效模式。建强队伍，与高等院校合作，建立了以试验站、研究院、专家工作站为依托，市县技术骨干参与的科技创新体系。立足实践，创新出豆菜轮茬、坑式防冻、八字修剪法、四佳施肥法、三枝一扶、坑施肥水等一批实用技术，为产业发展注入强劲动力。系统集成，注重各项技术间协同整合，总结形成黄土高原（延安苹果）密植高效旱作节水栽培技术。

二是定标准、抓落实，普及推广集成技术。制定"延安苹果""洛川苹果"等 32 个技术规范，统一技术标准，提升标准化生产水平，将"3332"栽培技术落实情况纳入年度果业重点工作内容，坚持领导包抓和技术负责人指导，为强化技术落实提供坚强保障。

三是抓示范、建样板，强化引领带动作用。将推广"3332"栽培模式作为抓点示范的重中之重，融入"百千万"示范核心区建设、"双园"创建和"亩均效益冠军果园"培育。培育典型创先争优，表彰优秀经营主体，树立先进榜样。培训提升人才队伍，启动果业"鸿雁"人才培育暨业务骨干下沉一线抓点示范三年行动，开展"百万农民"素质提升活动，为市县镇村全面普及"3332"模式技术提供人才支撑。

（四）国寿财险广东分公司"温度指数保险＋天气衍生品"助力养殖户高温风险管理

中国人寿财产保险股份有限公司（以下简称国寿财险）推出的温度指数保险创新产品将温度指数保险与"保险＋期货"模式融合，是将"保险＋期货"模式拓展到气象指数和渔业保险领域的创新举措，有利于促进气象指数保险和渔业保险的可持续发展。这一产品将水产养殖户、保险公司、期货公司、空调经销企业有机连接到了一起，实现了逐层风险转移的闭环，使养殖户的高温收益受损风险、保险公司的超额赔付风险、空调经销企业的低温收益受损风险都被有效化解。

一是挂钩客观权威温度指数，解决养殖户亏损风险。水产养殖温度指数保险是天气指数保险的一种。天气指数保险具有风险定量化、适用性强等特点，标的为客观、公开透明的天气指数，养殖户可以在官方渠道查询到每天的天气指数，触发条件更客观，定损效率更高，理赔更简单方便。国寿财险广东分公司、中泰期货、天韧科技（上海）有限公司合作推出的水产养殖温度指数保险挂钩的指数是"中央气象台—大商所温度指数"的广州站日平均温度指数。设置一个赔款触发值，一旦某日气温超过赔款触发值，养殖户即可获得赔款，温度越高，赔款越多。产品的目标客户为南美白对虾和四大家鱼养殖户/企业，保险金额为每亩 1 000 元。

二是天气场外衍生品为保险公司提供保障。设计"天气衍生品"模式，通过温度指数场外衍生品为温度指数保险提供风险保护。保险公司将赔付风险通过场外衍生品转移给期货公司，期货公司通过风险管理子公司在此次产品流程中承担产品定价和风险管理的职责。一方面，与保险公司对保险费率进行测算，利用天气指数帮助保险公司提升天气相关保险产品的定价合理性；另一方面，保险公司将面临的因温度上升造成渔业损失的赔付风险通过场外衍生品转移给期货公司及因温度上升而获利的实体企业。同时，期货公司将承接的风险再通过场外衍生品转移给空调经销企业等因温度上升而获利的企业。

二、病虫害防治

（一）比昂科技精准病虫害防控系统

成都比昂科技有限公司（以下简称比昂科技）自 2009 年成立以来，已经形成了绿色防控产品体系，形成光诱、色诱、性诱、天敌昆虫等一系列解决方案，拥有 100 余项专利技术和 30 余项发明专利。比昂科技研发出精准病虫害防控系统，利用苗情监测系统、墒情监测系统、气象监测系统进行准实时监测。

一是扑灯节律——精准的控制害虫。根据昆虫的扑灯节律可以合理设置亮灯时间，从而节约能源消耗、延长诱虫灯使用寿命、更好地保护害虫天敌、诱杀主要害虫，最终实现害虫的可持续控制。在灯光防治中，根据害虫的扑灯高峰确定亮灯时间，可大幅度降低电耗，提高效能比。

二是科学布局——杀虫灯节点的精准布局。杀虫灯节点科学布局也是实现"精准"的重要部分，农田拥有复杂的地貌特性，传统的节点部署方法因假设条件与农田的实际部署环境不相符，防治效果也相应受到影响。例如，田埂的存在、农田的不规则性、农田内部存在山体或者水体的障碍物、背风或近水区域等会对杀虫灯节点布局产生影响。

通过系统智能识别出作物病虫害的种类，同时远程接受指令精确控制作物病虫害，智能化、自动化程度高，有效实现了精确预防、控制作物病虫害的目的；同时可实时监测气象和土壤数据，长久积淀，将数据集中起来，形成气象、苗情、墒情、病虫害的数据库，并对数据进行智能识别分析，进而达到精准杀虫的目的，并提升系统的预测及控制能力。

（二）谷瑞特生物成功防控草地贪夜蛾

湖北谷瑞特生物技术有限公司（以下简称谷瑞特生物）承接武汉汉南万亩秋季甜糯玉米全程农事服务，通过秋季整个季节的种植和栽培过程发现，甜糯玉米从苗期一直到成熟期的全生育期均遭到草地贪夜蛾的严重为害和攻击，且虫口基数非常大，"杀伤力"极强。技术团队通过运用依科曼闪讯草地贪夜蛾智能监测系统和依科曼性诱剂等手段进行及时监测预警，结合植保专家的实地调查和专业植保防治策略，最终使万亩秋季甜糯玉米种植基地的草地贪夜蛾防效高达 97％，得到了当地农业农村主管部门的高度评价和种植户的认可。

一是早发现，智能防控监测成虫。积极运用依科曼闪讯草地贪夜蛾智能监测系统，对草地贪夜蛾种群进行实时、准确的监测，为后期的化学防治提供了准确的虫情信息和决策依据。

二是早处置，依科曼草地贪夜蛾性诱剂诱捕成虫。技术团队大量布置了依科曼草地贪夜蛾性诱剂和配套诱捕器装置，在监测虫情的同时，还大量诱捕了成虫，大大降低了产卵基数。与此同时，技术团队采用不同播期、不同品种的定点调查和多点调查，积累了大量数据，掌握了草地贪夜蛾发生危害规律，根据虫态历期确定最佳施药时期。

三是早用药，化学防控草地贪夜蛾防控幼虫。根据监测和观察结果，了解草地贪夜蛾种群入侵区域、发生量等信息，对重点区域加大调查力度，科学制定专业药剂配方，迅速组织施药，并确保喷药质量，喷匀喷透，不重不漏。

三、动物疫病防控

（一）精旺猪种全流程防控猪繁殖与呼吸综合征

河南精旺猪种改良有限公司（以下简称精旺猪种）是一家专业为规模化养殖企业提供精准猪人工授精解决方案的服务商，可提供无野毒高性能的种猪精液产品以及全套猪人工授精解决方案。精旺猪种通过建立起一整套的生物安全防护和监控体系来保持净化成果，生产猪群连续两年无猪繁殖与呼吸综合征的临床病例。

一是抓硬件。为确保猪舍内部良好的生物安全环境，所有猪舍以及精液实验室全部采用了畜牧行业最高标准 MERV15 级的空气过滤系统，还应用了全自动给料系统、猪舍小环境自动控制系统、全漏逢地板粪污自动收集系统、粪污厌氧沼气发酵系统，并配备了国际领先的德国 Minitube 全套自动化精液生产系统，采精、传送、检验、稀释、分装等生产过程均实现了高度自动化、标准化。

二是抓软件。公司制定了全面的生物安全制度和操作流程，在每位人员入职时都要对其进行制度和流程的培训，并在日常的例会、学习会等时间不间断进行培训并测试。公司对出入口和场内关键点制定了全流程的消毒操作方案，涵盖人、车、物等方面；制定了《消毒剂使用管理制度》，日常严格执行，并留有记录，保证生物安全。

三是抓生物安全体系建设。为保持特定病原阴性，本场从入口、场内控制以及出口三个环节建立起全覆盖的生物安全控制体系。①入口控制。拉猪车辆不允许进场区，在场外围消毒后由场内专用转猪车辆进行转运，内部转猪车均提前进行清洗和消毒；只有本岗位生产人员才允许进入该生产车间，并且在车间入口处需要经过换衣、洗浴后，方可进入车间。②场内控制。制定从免疫方案、免疫计划、免疫日报、疫苗领用记录、疫苗保存记录等一系列的监控措施，保证接种可追溯；同时制定了监测方案、免疫情况反馈机制、抗体合格率考核方案，并通过不断的操作培训保证免疫的有效性。③出口控制。为避免粪污污染，实现农牧循环，该公司配套建设了地下粪尿自动收集和厌氧处理系统。

（二）山西省长治市襄垣县农业农村局试行动物防疫新模式

山西省长治市襄垣县创新探索出全县以"防疫队＋政府购买动物防疫社会化服务"为体，以结构化生物安全促畜禽产业链发展为要，以人才强基础提振乡村活力为本，以动物防疫净化壮大兽医成果的动物防疫新模式。

一是目标制推进重大动物疫病"六化"工作。即走访各镇、各村、各场户常态化，培训动物防疫员、养殖主体、畜禽贩运、粪污处置人员制度化，监测、消毒、检疫任务清单化，生物安全、疫病诊断、疫情处置精准化，疫病流调、实验检测、调运管理信息化，工作方式、操作流程、绩效考核规范化。

二是构筑结构化生物安全防御屏障。襄垣县积极完善县域一体化生物安全战略部署，提升区域防控动物疫病的能力和动物防疫监管服务能力。以引进集团企业成功的生物安全技术产品成果，重视规模养殖场户生物安全行动示范引领，科学制定产业链中的生物安全管理制度，积极倡导举办生物安全活动，不断丰富生物安全文化内容形式，培养、提升从业人员以生物安全为专业技能的职业素养等多元化方式，形成一种活的、长效的生物安全文化。

三是实施畜牧兽医人才强基战略。襄垣县运用政策、财政、机制、机会、平台等多种形式大力引进畜牧兽医高素质人才，不断强化乡镇基础设施建设，强劲提升基层活力。全县执行专技人员在线学习制度，持续强化职业教育培养专技人才；举行年度畜牧兽医技能实操比赛，重点培育一批动物防疫专业人才。

四是引进社会化服务。襄垣县按照《襄垣县购买动物防疫社会化服务工作方案》的要求，同国内专业公司进行合作，通过政府购买、防疫部门监管、养殖主体配合、企业实施完成、第三方监测评估、地方政府负责的工作模式，实现资金、技术、人员、时间、管理等的高效利用，兼顾政府职能监管、社会公益服务、市场经济效益、绿色生态环保等协调发展。

四、农业科技

（一）中华财险通过科技赋能提升承保理赔数据真实性

为持续提升优化精准承保理赔水平，不断提升农险管理质效，中华财险顺应国家数字乡村战略和智慧农业发展的趋势，不断提升农业保险信息化、智能化、线上化和自主化水平。通过科技赋能，持续加大卫星遥感、无人机、移动勘察等技术应用，探索符合农业风险管理规律的精准承保理赔新模式。一是运用物联网、大数据等技术，提供增值服务。中华财险开发了可视化、智能化的"保险云鱼塘"，通过数字化平台与渔业保险业务的融合，实现了渔业保险风险管理智能化、可控化，在降低渔业保险经营风险的同时，可进一步推进渔业产业的绿色、健康、可持续发展。二是运用 3S 技术，实现按图承保，以图管险。利用"空天地"一体化遥感地理信息应用，以"按图作业"推动实务流程再造，代替粗略误差大的人工查勘手段，力求承保真实、理赔准确，回归保险保障本源。三是研发推广人工智能，降低道德风险发生概率。中华财险系统推进人工智能技术独立自主研发，在移动端 App 中嵌入智能点数和智能测长称重等功能，为精准理赔提供了科学依据，提高了公司一线员工效率，减轻了工作量，农户认可度高。

以五家渠奇台农场 2020 年小麦旱灾理赔为例。2020 年 5—7 月，因受持续高温、少雨天气的影响，新疆塔城、昌吉、五家渠、伊犁等多地粮食产区出现了不同程度的干旱天气情况，且局部区域旱情严重。此次灾情涉及区域广、作物种类多、旱情形势严峻引起各级政府的高度关注。中华财险新疆分公司作为新疆农业保险主要承担者，承保了新疆地州、市及兵团师市的 324 万亩小麦作物。接到旱灾报案后，中华财险总、分公司两级领导高度重视，快速调拨资金防灾减损，及时指导基层理赔工作，明确旱灾理赔各个环节需要操作或注意的问题等内容，并第一时间成立了省、地州、县分（支）公司查勘人员及农业专家组成的查勘小组，经过两个多月全面周全的一线查勘工作，最终确定小麦受灾面积约 43.22 万亩，赔款金额约 7 675.55 万元。其中五家渠奇台农场合计受灾农户 845 户，受灾面积 4.09 万亩，赔款金额 1 285.25 万元，户均赔款 1.52 万元。为准确核实标的受损程度及其灾害面积，中华财险通过开展无人机、卫星遥感、手持终端设备等高科技手段，利用以 3S 技术的"天空地"一体化体系为核心的查勘模式，大幅度提高了灾害定损效率，让受灾农户和当地政府吃上了"定心丸"，最终确定实际受损程度和面积。

（二）丰农控股助力中国数字农业发展

深圳市丰农控股有限公司（以下简称丰农控股）聚焦国内种植领域，对农业生产销售、农民职业教育、农业科技、农业投资为一体的农业产业服务体系生态圈进行布局。帮助种植户解决传统农资流通渠道单　、农技知识薄弱、田间服务不完整、农产品上行难等难题，持续助力乡村振兴。

丰农控股自主研发了中国首个基于生产数据决策的智慧农业 AI 系统数智丰农 DAP 管理系统。数智丰农 DAP 管理系统集成了实时监测、数据化记录、协同分析、智能决策、信息化管理、产品溯源六大功能，涵盖了农业生产过程产前数据监测和收集、产中分析决策和管理，以及产后产品溯源。数智丰农 DAP 管理系统具有可视、可用、可控、可信的特征，可以真正帮助农民实现农业生产降本增效。数智丰农 DAP 管理系统整体投入成本低，简单易用，在手机 App 上即可操作并且看到农田所有数据。

数智丰农 DAP 管理系统数据监测的维度包括天气、土壤、病虫害、作物生长态势监测，可以帮助农民实时掌握田间情况。其中：数据化记录功能包括农事操作记录、肥药使用记录、地块数据记录、历史数据对比，通过系统化、智能化的记录方式，在方便农民查看的同时，还能形成数据图表供分析；协同分析功能包括数智大脑分析、基础数据分析、农事操作分析、生长趋势分析、商品化率分析，在充分利用其记录数据的同时，可以通过数字化带来的智能分析为农户提供更详尽的指导，从而促进农作物健康生长直至丰收、销售。

（三）黑龙江省双鸭山市科技兴农

近年来，黑龙江省双鸭山市充分利用本地优良生态资源优势，大力发展科技农业、绿色农业，通过采取寒地水稻秸秆全量原位还田缓释多效综合技术，让优质、原生态水稻种植技术走进田间地头，促进农民增产增收，逐步提高科技在农业增长中的贡献率。

一是把握科技强农方向，加快科技兴农步伐。针对秸秆如何处理这一难点问题，双鸭山市通过出台系列政策，明令禁止露天焚烧秸秆，积极同北方水稻研究中心对接开展关键技术攻关，一起探索研发科学合理的秸秆还田技术，对提升黑龙江省耕地质量、保护黑土地发挥了重要作用，有效提升了全市农业科技化发展水平。

二是加强试点示范建设，夯实科技兴农基础。双鸭山市借助北方水稻研究中心优势，围绕寒地秸秆还田、黑土保护、减肥增效等关键技术开展攻关，通过利用腐植酸、秸秆、微生物菌肥等相互作用研制寒地秸秆全量原位还田缓释多效综合技术。充分发挥科研院所在地方的作用，在双鸭山市宝清县率先开展试点示范，有针对性地提出了适宜北方黑土地保护的技术手段，在水稻收获时采用雷沃收获抛洒一体机，将水稻秸秆全部粉碎并原位抛洒至田间，均匀覆盖地面。

三是强化科技推广力度，增强科技兴农后劲。双鸭山市宝清县率先探索出寒地水稻秸秆全量原位还田缓释多效综合技术。使用该技术的"稻花香选"千亩片经测产验收，平均产量可达 576.7 千克/亩，超过常规技术栽培的优质"稻花香选"产量 50～100 千克/亩。同时，通过寒地水稻秸秆全量原位还田缓释多效综合技术，提高了土壤蓄水保肥能力，改善了土壤理化性状，当年提升土壤有机质 0.1％以上，降低土壤容重 0.1～0.15 克/立方厘米，有效解决了土壤板结问题，达到了水稻秸秆原位造肥、培肥地力、改良土壤的目标。

（四）安华农业保险着力推进技术创新赋能农险高质量发展

1. 率先引入区块链技术破解禽类保险验标难题

为破解禽类饲养周期短、体无标识、承保和出险数量难以确定等难题，公司创新引入区块链技术，在国内率先开发了商业性区块链肉鸭养殖保险，充分结合新型农业经营主体、产业化龙头企业统一进雏、统一用药、统一防疫、统一用料、统一销售的"五统一"管理方式形成经营闭环，通过"保险＋区块链"模式，破解了长期困扰家禽保险承保难、查勘难、理赔难等行业难题。

2. 优化升级"安农保"提升线上服务能力

安华农业保险股份有限公司（以下简称安华农业保险）在已有

应用程序资源基础上，不断优化升级公司农险专属App"安农保"。公司业务人员或协办人员通过该系统采集农户的投保资料信息，开展投保单生成、标的查验、承保公示、查勘、定损、理赔公示、理赔结果确认等工作。"安农保"中嵌入的查勘小助手、拍照小助手，以及电子签名、身份证号和银行卡OCR扫描，纸质单证电子化等多种功能，进一步提升了线上化操作使用体验。目前，公司正在推进"安农保"2.0版本开发，全面完善电子地图标绘、无人机面积测量、核保核赔、离线服务等功能，实现全险种、全流程、全功能的互融互通。持续强化公司农业保险数字化、线上化、智能化体系建设，进一步提升公司农业保险工作效率和服务水平。

（五）航天信德智图数字技术应用助力农业发展

1. 黑龙江地力指数保险卫星遥感监测

卫星遥感监测原理是利用卫星遥感监测到的土壤光谱反射率与氮磷钾及有机质含量之间的相关性，建立土壤光谱反射率与氮磷钾有机质之间的数学模型，再去监测区域进行采样，对该模型进行训练优化调整和精度验证。模型确定下来后，卫星遥感监测到的土壤光谱反射率就可以输入模型，输出结果就是氮磷钾及有机质的含量，由此就可以得到耕地地力指数。

航天信德智图对黑龙江某农场40万亩耕地进行土壤地力监测，对各类作物地块中的土壤氮磷钾、有机质进行监测。该农场种植的作物主要为水稻、玉米、大豆。监测空间分辨率为10米原始分辨率，可通过遥感数据数学算法处理为2米分辨率。监测的各类地力指数，精度可达到80%。具体流程为：一是承保协助。利用卫星遥感技术完成耕地分作物种类空间分布数字化；利用遥感数据为基础布设样点，测定耕地养分作为基准；基于测定结果与同时期卫星遥感数据建模得到承保范围内基准养分空间分布。二是保中监测。利用卫星遥感技术逐月进行风险监测，并指导被保险人在进行农业生产的同时对耕地地力进行保护；对有风险区域进行遥感评估定损，同时根据农业专家和相关部门建议对被保险人地力进行修复工作，做到以防代赔；无风险区域进行常态化监测。三是保后理赔。保险周期内受灾部分，按照遥感分层抽样的原则，进行样点布设工作测定耕地地力养分，并根据样点数据与遥感影像数据建模得到受灾区域地力养分空间分布；保险周期内未受灾部分采用同样原理得到地力养分空间分布；与投保时耕地地力基准进行对比，得出耕地地力提升幅度，按照约定的"增幅水平"，承担给付保险金。

2. 湖北沙洋水稻完全成本保险监测平台建设

湖北沙洋水稻完全成本保险监测平台建设项目由某保险公司牵头负责技术落地，政府部门负责指导及数据支持，后援技术团队等所有项目参与方共同合作推进，在湖北沙洋县后港镇进行水稻完全成本保险试点工作，航天信德智图负责湖北沙洋水稻完全成本保险监测平台建设开发。该平台构建了基于空间、航空、地面遥感平台的农林业遥感立体观测体系，赋予农林业遥感信息源以多平台、多传感器、多角度、高空间分辨率、高时间分辨率、高光谱分辨率等特征，有效缓解了信息源不足对农林业遥感应用的束缚（图8）。

平台基于云架构，可实现快速、直观了解全区作物类型种植情况，通过卫星遥感技术可实现空间分布展示。结合确权等地理信息数据，通过智慧农业平台可分析并展示作物类型、位置（到户）、面积大小、权属等。该数据可掌握每年种植面积情况以及保险公司承保情况，同时可积累多年历史数据，为以后风险和承保情况进行分析。

2021年12月，在荆门市沙洋县试点地区开展第一轮卫星遥感

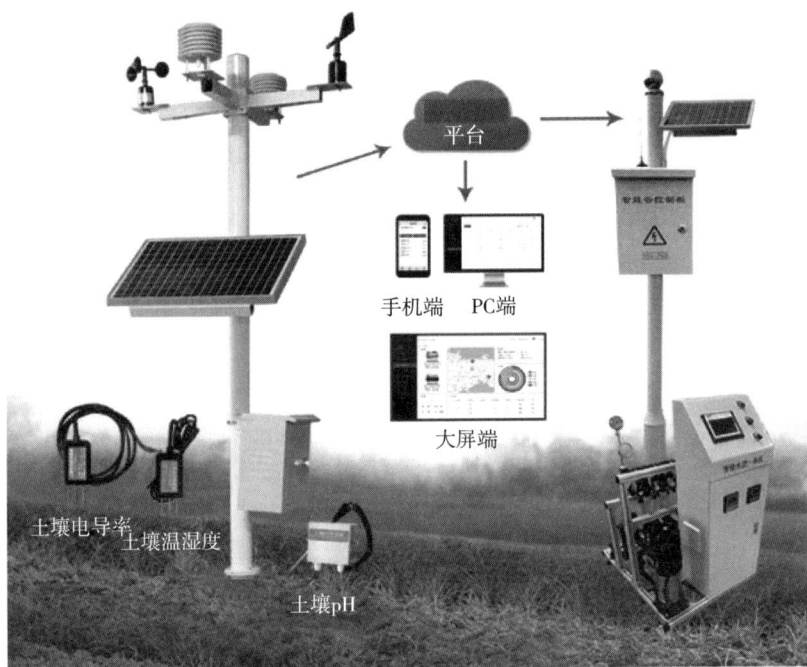

图8 湖北沙洋水稻完全成本保险监测平台组成

数据采集和物联网搭建工作，利用最新的遥感影像提取沙洋县所有的耕地地块与土地确权数据进行匹配纠正。2022年1—7月，在荆门市沙洋县试点地区开展卫星遥感数据承保数据采集工作，确保物联网运营畅通，利用地面调查数据、验证遥感数据分类结果精度，验证精度合格，得到投保地块的位置、面积、是否种植作物为水稻等数据信息，确保承保数据精准形成承保地块，完成承保数据对接。2022年7—11月进行水稻生长期多期长势监测；2022年12月前，依托土地确权数据及遥感信息收集数据，对水稻种植中出现的灾损情况开展精准理赔工作。

（六）黄河财险强化科技赋能助力农险服务精准高效

黄河财产保险股份有限公司（以下简称黄河财险）始终关注传统农业保险与科技智能数字化技术相结合，为农业保险服务提供更精准高效的支撑，率先在行业实现多保单、多品种承保后的系统一体化自动生成农户凭证并打印，同时搭建农险承保理赔信息公示及自主查询的外部网络平台，通过信息技术手段实现网上公示及自主查询；依托移动互联工具，开发移动终端查勘定损系统，特别是针对养殖险小额案件，推出"一站式"理赔模块，缩短理赔周期，节约理赔成本。公司高度重视新科技在"三农"保险服务领域的应用，加快推进数字化转型，提升线上化作业水平，依托"甘农保"App，累计采集数字化承保地块 6 351 个，应用率达到94.26％。2022 年共开展远程验标 1 547 余笔，开展远程查勘36 498笔，全年先后开展农险无人机验标及查勘近 20 例，开展卫星遥感验标及查勘 200 余例，有效提升了农险标的查验及理赔查勘的客观性、准确性和真实性。无人机及卫星遥感技术在承保端实现常态化应用，以进一步推动农险"精确承保、精准理赔"高质量发展。

（七）太平洋安信农险开发数字鱼淡水养殖保险

江苏素有"鱼米之乡"之称，有着广阔的水域面积，2022 年水产养殖总面积达 876 万余亩，其中淡水养殖面积 618 万余亩，但江苏省水产养殖保险的覆盖率不足 20％。为全面提升渔业生产风险保障水平，推动渔业更高质量、更可持续、更有保障地发展，太平洋安信农险创新开发了数字鱼淡水养殖保险。

该保险的主要做法是：承保宿迁当地主要淡水养殖品种（四大家鱼），在保险期间内，淡水鱼养殖塘遭受合同规定的自然灾害，造成增氧机和水泵设备无法开启导致保险淡水鱼发生"泛塘"，且达到起赔标准的，按照保险合同约定赔偿；同时，可附加重大疾病保险，在保险期间内由于鱼类肝胆综合征、鱼类出血病直接造成保险淡水鱼损失，且达到起赔标准的，保险人按照合同约定负责赔偿。

与传统的淡水养殖保险相比，本项目引入了银行和科技公司。通过"保险＋科技"，由农业科技公司提供技术支持，为保险公司确定养殖数量提供依据，缓解保险公司承保理赔面临的"验标难、赔付难、赔付高"等问题，有利于扩大保险覆盖面；同时，水下设备的应用，为养殖户科学化、数字化管理提供技术支持。通过"保险＋信贷"，结合当地支农惠农政策，与银行合作，为渔业信贷增信，使养殖户可以获得低成本的贷款支持。此外，为降低养殖户成本，通过"保险＋服务"，由保险公司统一对接水产饲料供应商，集中采购降低养殖户的饲料成本，构建从生产养殖到成本管理的闭环。

（八）太平洋财险通过"3S＋物联网"精准承保理赔

中国太平洋财产保险股份有限公司（以下简称太平洋产险）吉林分公司积极响应农业农村部开展"金融支农创新试点"的具体工作部署，通过"政府＋保险＋科技"三方融合服务，形成合力，精准落地农业保险"3S＋物联网"精准承保理赔服务新模式试点项目，并取得显著成效，对稳定农民种地收入、保障国家粮食安全具有重要意义。

该模式探索"政府＋保险＋科技"新合作模式，即政府（当地农业农村局）参与，太平洋产险吉林分公司主导及中农阳光数据有限公司（以下简称中农阳光）技术支撑，以中农阳光与公主岭市政府共同开展的"乡村振兴综合智能服务云平台"项目为基础，导入种植业保险"3S＋物联网"精准承保理赔新模式，实现农业生产、农业保险、卫星遥感、气象监测、无人机航拍、土地确权数据、专家估产测产等多源数据的融合应用，推动农业保险科技化服务水平提升，赋能农业生产风险管理。

从农业保险业务角度，通过应用"3S 技术和物联网＋"为主的技术手段，以智慧农险数联网风控管理平台为载体，实现对农业保险全流程业务环节进行可视化呈现、实时化跟踪、信息化管理和数据化风控管理。从以前的事后政府裁定，到现在事前、事中、事后政府全程参与，做到有据可查，有技可依，解决科技应用落地问题。

（九）阳光农险数智化引领推动精准承保精准理赔

黑龙江省延寿县"确权数据＋卫星遥感"农业保险精准承保理赔机制创新是应用"确权数据＋卫星遥感"的融合推广应用等技术手段，创造农业保险全新的承保理赔模式。通过使用土地确权信息，精确定位投保地块，解决投保作物位置难以确认的难题。全面采用遥感技术，客观判定投保标的实际种植面积，科学评估作物长势情况、受灾情况和损失范围。

2021 年 12 月 9 日，阳光农业相互保险公司（以下简称阳光农险）制定《阳光农业相互保险公司"确权数据＋卫星遥感"农业保险精准承保理赔机制创新试点工作方案》，在黑龙江省农业农村厅积极协调和延寿县农业农村局大力支持下，公司顺利获取到延寿县土地确权数据，为试点工作的顺利开展奠定了坚实的数据基础。针对确权数据体量大、展示要素多的特点，公司为本项目独立搭建一套 3S 平台，确保确权数据流畅展示和应用。同时开发 3S 平台与一体化平台、手机 App 数据对接接口，实现了各系统间数据的同步与交互。配套开发农险一体化平台，收集被保险人参保地号信息、地号确权代码，导入农险一体化平台，平台读取确权人、确权面积等信息，自动生成投保分户清单，实现了承保信息校验、流转信息匹配等功能，承保理赔都实现了线上化签字。手机 App 同步了 3S 平台和农险一体化平台中的数据，可实时、实地查看承保确权地块、保单信息、遥感监测结果等。

一是创新应用，为农业保险"精准承保、精准理赔"奠定基础。确权数据中的农户地块信息作为保险公司投保清单与矢量地块位置信息的桥梁，不仅能对保险地块边界进行精准定位，还能确定地块的真实权属，进一步增强了承保标的的真实性和可靠性，避免出现虚假标的等违规行为。

二是提高了农险业务精细化程度。引入确权数据后，投保地块更加细致、精准。第一，减少了大量地块人工绘制工作，避免了虚报作物、虚报耕地、重复投保、交叉投保等问题，保证了人、地的一致性。第二，土地流转信息追溯可循。通过应用确权数据，电子化采集农户信息、土地来源信息，流转信息实现了有根可循，提高了投保信息的准确性，有效解决了以前因大量入城农户土地流转频繁而产生的标的信息采集难的问题。

三是提升了工作的效率，降低了运营成本。试点单位实现了投保理赔线上化签字，通过农险一体化平台推送短信链接至被保险人手机中，农户可直接在手机中签字确认，彻底解决了以往农户外出无法采用线下纸质签字的问题；无人机验标提高了工作效率，延寿县以确权数据为依托，用无人机验标代替人工验标，极大提升了工作效率，降低了人力成本。

四是深化3S技术应用，推进了农业保险数字化转型升级。遥感技术应用实现了"由地到人"的升级。确权数据提供的确权地块，能够很好地为3S平台提供庞大的基础数据支撑。遥感技术的应用实现了以确权人的矢量地块为监测单元、以人为尺度的监测方式，实现了确权数据承保理赔模式的创新。公司依托农险清单管理系统，打通数据壁垒，提升数据质量、释放数据价值；实现了农业保险利用确权数据精准承保、精准理赔的创新模式。

五、农业保险

（一）中华财险聚焦风险减量管理

为加快风险等量转移向风险减量管理转变，最大限度降低自然灾害导致的农业损失，中华财险不断加大防灾防损工作重视程度和资源投入力度，强化与地方农业生产、气象等政府部门的协同联动，通过工程防灾、生物抗灾、技术减灾等方式，积极探索延伸事前和事中风险管理服务，不断提升农业重大灾害防范应对能力，充分发挥农业保险社会治理和风险保障功能，积极守护人民群众财产安全，为服务乡村振兴、支持地方农业发展做出了积极贡献。

一是广泛开展宣传教育活动，提升社会公众和农业生产主体防灾避险的意识和能力。围绕 2022 年全国防灾减灾日"减轻灾害风险守护美好家园"的主题，聚焦 13 个粮食主产区、100 个乡村振兴示范县等重点区域，充分利用新媒体、广播电视等各类平台，面向各类新型农业经营主体，开展各类农业生产灾害风险基本知识和防范应对技能宣传教育 1 500 余次，营造全社会参与防灾减灾的良好氛围，同时向政府安全生产监管、应急减灾等领域输出风险数据，提升社会减灾能力。

二是全面服务风险隐患排查，打造风险管控与隐患排查双重预防机制。充分借助农业保险基层协保队伍和服务网络优势，深入田间地头和农家院落，开展自然灾害防御设施、农业设施安全隐患排查工作，将各类风险发现在基层、解决在基层，全年累计排查涉农主体 4 万余个。积极参与第一次全国自然灾害综合风险普查，协同地方普查领导小组办公室完成主要自然灾害致灾调查、承灾体调查、历史灾害调查和综合减灾能力调查等工作。

三是强化基层应急能力建设，密织防灾防损保护网。针对日益频发的极端自然灾害，基于农业风险经营数据，构建风险评估区划模型，加强各类灾害风险的分析研判，健全完善应急物资保障机制，摸清应急物资储备底数，结合本地区灾害风险特点，有针对性地扩充应急物资储备规模，拓展抗旱、排涝、防火、防雹救灾物资品种品类，未雨绸缪做好防范应对准备工作，统筹利用互联网、大数据、自媒体等技术手段发送预警信息 11 万条，打通灾害风险预警"最后一公里"。

四是强化科技赋能，加快推进自然灾害防治体系和能力现代化。在防灾防损服务方面，中华财险始终以科技手段加持，持续升级"云保险鱼塘""菜园驾驶舱""卫星遥感火点监测""风险管理地图"等科技应用，通过"智能终端＋监控平台"双管齐下，建立"人防＋物防＋技防"多维防控体系，实现科学管理。

（二）中华财险创新制种保险模式助力种业振兴

中华财险深度参与实施种业振兴行动方案，加大种业保险支持力度，强化制种、育种保险产品供给，提高风险保障覆盖，进一步加强对农业"卡脖子"领域的金融保险支持力度，着力于保障农业科技企业在种业创新试点及成果推广过程中的风险需求，助力国家打好种业翻身仗。

1. 传统水稻制种保险案例

2021 年，中华财险江苏省金湖县支公司承保水稻制种保险共计 1 600 亩，总保险金额超过 240 万元，实现保费收入 29 万元。

同年 9 月，当地某村镇连续遭受极端天气变化，公司高度重视，在收到农户报案后第一时间向当地政府、农委进行报告，并邀请农技专家一同前往实地进行查勘定损工作。经专家勘验后发现，因生长后期遭受连续极端气候导致水稻花器受损、花粉败育且黑粉病较重，对制种产量产生了严重影响，对农户造成重大损失。被保险人高某投保 1 200 亩，受灾面积达 544 亩，在所有受灾农户中情况最为严重，对其生产工作造成了巨大损失。为切实保障农户利益，协助其恢复基本生产生活能力，公司快速启动应急方案，开通绿色通道，优先制定该赔案，并在最短时间内将 51 万元赔款赔付到位，尽可能地帮助农户将损失降到最低，最终获得了被保险人的认可与感谢。

2. 种母猪生育价值保险创新案例

种猪的市场价值较高，种母猪的产仔量和仔猪存活率等指标直接关系着养殖企业的经营效益和投资回报。在湖南省长沙市，宁乡市和长沙县作为生猪养殖大县，年出栏生猪百万头以上，种母猪则是生猪产业高质量发展的基础。中华财险在 2021 年建立了专项课题小组，通过与当地政府部门的积极沟通，结合当地种母猪养殖需求，研发推出首创产品——种母猪生育价值保险，在 2021 年下半年该项目为两县 114 户种母猪养殖户提供了近亿元的风险保障。该险种是针对种母猪生育能力的行业首创产品，较传统养殖保险在保险模式上进行创新，保险责任由传统的死亡转变为对种母猪生育能力的评定，扩大了保障范围，为养殖户提供了更为全面的风险保障。

（三）中华财险开展"保险＋信贷"模式，完善普惠金融服务体系

2021 年 5 月，农业农村部启动了新型农业经营主体信贷直通

车活动。2022 年 4 月，中华财险积极响应文件要求，与农业农村部计划财务司联合组织开展农业经营主体信贷直通车专项创新服务，打造信贷直通车中华财险专属版。通过充分发挥农险经营网点分布广、人员队伍金融素质高、客户群体数量大、农户接触频次多的资源优势，积极推进直通车活动下沉乡村，全面推广信贷直通车专项创新服务。

"农业保险＋信贷"专项依托中华财险农险经营时间长、三农服务网点广、人员队伍素质高、客户群体数量大、农户接触频次高的资源优势，精准触达有融资需求的客户。借助大数据信息化手段，辅以农业保险数据增信功能，探索创新纯信用、全线上、随借随还、利率优惠的"农业保险＋信贷"支农惠农服务产品，从源头上减轻新型农业经营主体融资负担，较好满足了农业生产经营主体融资需求。自活动开展以来，累计协助各类新型农业经营主体获得授信总额超过 3 亿元，授信区域覆盖四川、湖南、广东等十多个省份，有效缓解了农户农业投入资金压力，金融"活水"精准浇灌实体经济"旱田"初显成效。该模式入围农业农村部 2022 年金融支农十大创新模式。

（四）太平洋产险开展农业绿色保险新探索

太平洋产险是行业内首家开展绿色保险体系化实践探索的公司，目前已初步形成"1（一套企业标准及系统落地）＋4（四大重点领域产品创新）＋2（两大首创低碳保险模式）＋1（一套低碳运行体系）"的创新实践体系，在绿色保险领域处于行业领先。太平洋产险进行全面绿色保险实践探索时，最大特点在于通过系统性设计、前瞻性研究、创新性实践，以"自上而下＋自下而上"相结合的方式来开展。

一是基于粮食稳产保供高质量发展要求，重点围绕提升农业资源保护利用进行绿色保险创新。以针对性激励保险产品创新，提升农民地力保护内生动力，从而提升耕地资源保护和利用。以专业性研究辅以保险产品升级，提升黑土地保护的经济性，从而实现对"耕地大熊猫"的保护。以全周期管理保险服务创新，增强高标准农田保护措施，从而促进高标准农田建设目标达成。以体系化运维保险服务创新，增强农业水利设施的运行韧性，从而提升农业用水保障和效率。

二是基于乡村产业高质量发展要求，重点围绕促进农业产业链绿色转型进行绿色保险创新。通过保险服务引导式创新，助力农业生产"三品一标"行动落地，从而促进农业生产绿色化、优质化、特色化和品牌化水平提升。通过保险服务聚合式创新，助力推进农业要素功能聚合，从而促进推动农业产业集聚发展。太平洋产险针对新型农业经营主体，以绿色为导向，以保险为引线，串联"订单、农事、金融、技术"四大服务领域，探索出服务农业产业融合的保险模式，也为农业收入保险探索出一条新路径。通过保险跨领域融合式创新，助力保障低碳风险和提升低碳效益，从而促进农业产业低碳式发展。针对新型农业主体的"农光互补""渔光互补"等项目，创新提供覆盖太阳能光伏发电设施与现代农业生产实施等综合保障的模式。

三是基于安居乐业乡村生态需求，重点围绕农民增收和乡村建设进行绿色保险创新。以碳金融保险创新为纲，以普惠保险创新为本，通过促进农民普惠落实农业生态保护。创新了"碳汇＋乡村振兴""碳普惠＋乡村振兴"综合保险服务方案，通过碳金融实现生态价值从而实施农民普惠金融，并进一步提升农民保护农业生态积极性。以乡村基础设施保险创新为着力点，助力推进宜居宜业乡村建设。聚焦乡村宜居宜业所需交通和饮水保障进行保险创新，助力和美乡村建设。在宁波创新"普通国省道巨灾损失"保险试点，建立"保险＋四个一服务"模式，落实"以防为主，防治结合"。以防止返贫和乡村治理保险创新抓手，助力推进和美乡村建设。"防贫保"产品获得全国脱贫攻坚奖，结合乡村振兴阶段农民保障和乡村治理的新要求，保障范围上，在原有骤增型致贫保障基础上，升级扩展了住房和饮水安全保障，同时扩展了收入骤减型致贫保障。理赔手续上，独创"四看一算一核一评议"服务标准，透明化和简单化农民理赔手续。

（五）人保财险阿勒泰分公司"AI 牛脸识别"引领牛产业高质量发展

人保财险阿勒泰分公司提高政治站位，发挥农业保险助力作用，运用"AI 牛脸识别"技术，承保辖区奶牛 33.84 万头，为护航地方牛产业发展贡献人保力量。

一是科技赋能推动高质量发展。人保财险阿勒泰分公司按照"强化科技赋能，运用大数据、区块链、云计算等新技术提供便捷多样金融服务"要求，加大科技投入，于 2021 年率先在全疆系统引入"AI 牛脸识别"技术，加强与第三方科技公司合作，针对牛类保险烦琐承保、虚假理赔的痛点难点，开发出一套对标的可识别、对核保核赔可管控、对养殖数据可沉淀整合、对保险合规可把控、对保险机构效益可支撑的基于"AI 牛脸识别"技术的养殖险管理平台，加快养殖险业务数智化发展进程。

二是牛脸识别精准高效安全，助力降本增效。"AI 牛脸识别"技术通过深度算法构建活牛面部识别 3D 数据组，为每头牛生成唯一的生物特征数字身份，并在此基础上建立牛脸 ID（唯一识别码）数据库，进而实现对牛群的电子化管理，实现承保理赔标的的精准识别。"AI 牛脸识别"技术通过拍摄照片，就能够实现定标的、定位置、定品种、定价值、定养殖户，实现"一拍五定"。

（六）国元数字农险科技服务项目

国元农业保险股份有限公司落实国家对农业保险高质量的发展需求，通过实施数字信息化农业保险科技服务的操作流程，精准实现了"承保到户、精准核验、定损到户、产量评估"，提高了农业保险精度。

国元数字农险科技服务项目全流程包括数据体系构建、精准承保、标的核验、"天空地"一体化技术的作物长势监测评价服务、灾害损失及产量损失监测评估五项。一是构建地块空间位置坐落与"权属人、面积、权属人编码（身份证）、地块编码"的土地信息数据库。二是基于"土地信息数据、保单数据"关键字段的关联匹配，实现按图承保、按户承保。三是通过遥感监测测量，结合地面调查验证点，提取作物的种植面积和空间分布，在耕地地块数据库的基础上，结合提取的小麦空间分布及耕种面积，建立标的核验规则准确核验业务数据。四是通过生长气象监测、卫星遥感监测、地面监测数据，可分析得出作物长势空间分布情况，保险机构可及时掌握作物生长情况。五是灾害损失及产量损失监测评估，综合利用气象探测数据、遥感数据、无人机航拍数据、地理信息数据、地面调查结果等多源数据，开展灾害精细评估。

（七）安华农业保险创新推出森林碳汇价值保险

为深入贯彻落实关于构建绿色金融体系的要求，发挥绿色保险在生态文明建设中的积极作用，扩大保险服务领域，安华农业保险围绕国家"十四五"规划关于"碳达峰""碳中和"的发展目标，建立多层次农业保险保障体系，结合林业发展实际，量身定制了森林碳汇价值保险产品，在山东省、内蒙古自治区、黑龙江省和辽宁省填补了该项目的保险空白。两年来，累计承保森林 324.29 万亩，提供约 4 510 万元风险保障。该保险可对因自然灾害、意外事故、林业有害生物直接导致的林木碳汇量减少造成的保险林木碳汇价值损失进行赔偿，是对保障林草固碳能力、加强生态保护修复的有益探索，对于提高灾后救助、修复能力和效率有较大意义，也对促进林业保险高质量发展产生了重要的示范效应和推广价值。

（八）黄河财险增信融资保障产业发展

黄河财险为解决经营主体和养殖户"融资难""融资贵"的问题，和中国农业银行等金融机构开展多方合作，建立"陇原农担贷＋黄河增信保"无抵押融资新模式，创新"政府＋银行＋农担＋龙头企业＋新型农业经营主体或养殖户＋保险机构"的"政银担企户保"六方联动模式，构建了金融创新支农机制，为有融资需求的经营主体设计了甘肃省商业性育肥猪养殖保险、甘肃省商业性育肥猪政府扑杀保险两个高保额组合产品，用于化解生产经营过程中的养殖风险及因疫病受到政府强制扑杀的相关风险，2019—2020 年，公司在张掖、庆阳等 8 个地级市、30 个县（市、区）发展养殖项目，累计为 64 家经营主体提供 3.56 亿元风险保障，低成本高额度贷款 1.6 亿元，有效满足养殖户在疫情防控期间的融资需求。该项目还助增养殖肥猪及能繁母猪 28.34 万头，为养殖户支付赔款 610 万元，解决了无资产抵押、经营基础过小而需要快速扩大生猪养殖产业的经营主体"融资难""融资贵"问题，有效补偿了养殖期间疫病和灾害损失，为生猪生产供给及稳定生猪价格做出了积极贡献。

（九）锦泰财产保险创新农产品品质保险护航"舌尖上的安全"

2019 年，锦泰财产保险有限公司（以下简称锦泰财产保险）

在成都市创新开发农产品品质保险，推动绿色、有机、无公害农产品供给，助力健全农产品质量安全追溯体系，打造成都农业品牌梦工厂。截至 2023 年 8 月底，已累计提供 34.2 亿元风险保障，支付赔款 9 335.2 万元。锦泰财产保险品质保险项目荣获 2019—2021 年度全国农牧渔业丰收奖二等奖。

一是拓宽保障范围。农产品品质保险首次运用保险方式保障农产品品质，将保障从传统的保自然风险升级到保品质风险，服务领域从生产环节延伸至仓储销售环节，客户群体由种植户扩大至经销商。

二是建立溯源体系。通过监控农产品品质，记录农产品种植、仓储、流转、安全指标等信息，将农产品品质的内在价值通过数字化呈现在消费者面前，建立品质保险配套溯源体系，完成对农产品的保险赋信。

三是指导农业生产。通过升级提质减损技术，为参保农户提供土壤分析改良、肥料施用等专业农技措施建议，通过农技指导、种植干预等方式指导农业生产，从根源上提升农产品品质。

（十）太平洋产险开发高油酸花生价格指数保险

太平洋产险针对迁安市高油酸花生价格波动的风险，创新制定了高油酸花生价格指数保险，旨在提高当地新型经营企业和农户的风险保障及收益。在约定理赔采价期内，当高油酸花生的市场平均价格减去普通花生市场平均价格之差低于约定差价时，视为保险事故发生，保险人按本保险合同约定负责赔付。市场平均价格＝理赔采价期内由价格评估资质机构测算采集的成熟期至收割前平均收购价格之和/采集次数。

高油酸花生价格指数保险产品覆盖主要种植企业（户）的高油酸花生品种，基本满足多数客户保证高油酸花生价格优势的保险需求。高油酸花生价格指数保险业务保障水平参考高油酸花生种植近几年平均产量与约定目标价格的乘积，具体由投保人与保险人协商确定，平均产量数据可由当地农业部门提供数据作为依据。客户提供租赁合同或当地政府部门提供面积证明，同时结合公司e农险高新技术，进行平面图勾画，确保承保面积的精准性。由公司专业人员到现场实地查验，核实高油酸花生管理水平是否符合规范、生长是否正常、是否有配套相关防灾减损设施等，并对承保高油酸拍摄近景进行验标，对面积较大的结合无人机查验。

高油酸花生价格指数保险产品2021年3月上线，截至2023年9月，该业务为2 000多户种植户提供了7 268万元的风险保障，得到了当地政府的高度认可。在唐山市银行业保险业2021年服务乡村振兴特色项目评选活动中通过层层选拔，取得了乡村振兴优秀项目三等奖；2022年获评保险行业协会"理赔十大典型案例"。

（十一）国寿财险创新"保险＋"服务模式

随着现代农业不断推进，农业经营主体的金融需求越发多元化，国寿财险积极创新服务模式，联合银行、农信担、期货公司等金融主体提供金融支农综合服务。依托农业保险的风险分散及经济补偿功能，开展"保险＋期货""保险＋信贷""保险＋农服"等创新服务，引导社会资本下乡完善联农带农机制，助力加快健全农业社会化服务体系，在促进农业经营方式转型升级的同时，保障小农户经济利益。

一是持续优化"保险＋期货"服务，拓宽农民增收致富渠道。国寿财险自2016年起开始推出"保险＋期货"服务，与期货公司合作为投保价格保险的农户购买场外期权，借助期货市场分散农产品销售的价格下跌风险，保障农民经济收益。至2023年6月底，已在近30个省份开展"保险＋期货"服务，涉及玉米、大豆、生猪等 12 个农产品品种，为超 28 万户次农户提供市场风险保障约 225 亿元，支付赔款超 7 亿元。在不断扩大服务范围的同时，积极落实党中央要求，优化"保险＋期货"服务，在吉林省白城市创新期货收入保险附加基差收购新模式，为镇赉县 2 家玉米种植合作社提供玉米收购渠道及收入保险。

二是积极发展"保险＋信贷"服务，挖掘农业保险增信融资功能。为解决农业经营主体贷款难、贷款贵的问题，国寿财险积极与商业银行合作，探讨研究"保险＋信贷"服务模式，在投保农业保险后，合作银行可凭借保单适度降低信贷门槛，为其提供小额助农贷款，帮助农业经营主体扩大生产规模、提升经营实力。2021 年在重庆市开展了首个生猪活体贷创新项目，在涪陵区政府的统筹指导下，为当地养殖企业提供生猪养殖保险及期货价格保险，帮助养殖企业获得了 300 万元融资贷款，满足了风险保障及信贷融资的双重金融需求。并在北京市怀柔区试点"保险＋信贷＋电商"创新项目，聚焦怀柔板栗这一地方优势特色产业，制定了覆盖全产业链的金融服务方案。保险端为种植户提供了种植保险、价格保险、干旱指数保险等风险保障产品，银行端为投保农户提供不超过 200 万元、8％利率的助农贷款，事后再通过"国寿心意"电商平台帮助农户拓宽销售渠道。

三是探索推动"保险＋农服"服务，促进农业经营体系转型升级。为进一步提升农业保险服务农业强国建设的能力与水平，国寿财险在做好农业保险风险保障服务的基础上，逐步延伸服务范畴，利用客户资源与服务网络，探索推动农业保险与农业社会化服务融合发展模式。通过农业保险服务，引导社会资本下沉，促进农业社会化服务组织发展壮大，完善联农带农利益共享机制，实现降本增收、多方共赢。2021 年以"土地托管"为切入点，在河南省平顶山市叶县试点探索"保险＋信贷＋农担"三位一体综合金融服务，为当地 2 万亩小麦提供了种植保额补充保险，提升风险保障程度，并联合农信担公司为托管组织及被托管村集体提供涉农信贷担保服务，拉动银行发放贷款超 800 万元，有效推动了土地托管这一经营方式在当地的推广，并提升了村集体经济的发展活力。同时，与广东省供销社合作开展水稻生产托管统防统治试点项目，以生产结果为导向，为肇庆、江门等多地被供销社托管的 29 万余亩水稻提供 1.8 亿元产量损失保险，通过保险为水稻产量兜底，有效带动了农户参与托管服务的积极性，帮助供销社托管服务发展壮大。

（十二）中航安盟保险创新发展牦牛保险

牦牛养殖是牧民收入的主要来源，也是红原县支柱产业。面对种种不利因素，中航安盟保险 2023 年起率先在四川大规模开办牦牛保险业务，为当地实现乡村振兴做出重要贡献。

一是针对高原藏区实际，科学制定工作方案。经过深入调研，中航安盟保险确立了开办牦牛保险三项工作原则：经营牦牛保险不以营利为目的，着眼建立以牦牛保险促进畜牧业发展的长效机制，形成一套适用于整个藏区的新型保险模式。工作中，公司根据当地畜牧业发展现状和牧民实际需求，数次调整保险方案，承保标的从只保母牛到公牛、母牛全保；保障范围从单一的病死保障扩大到洪水、火灾、冰雹、野兽侵害等；同时，特别约定保险期间内如发生高传染性疫病，政府实施强制扑杀也负责赔偿。

二是注重基层服务体系建设，不断增强服务能力。牧区地广人稀，交通不便。为确保牦牛保险服务质量，中航安盟保险选聘了 57 名具备一定文化基础、了解畜牧业情况、能够使用藏汉双语开展工作的牧民组成协办人员队伍。基层员工常常不分白天黑夜，冒着－20℃严寒为牦牛打耳标。接到牧民报案，都要第一时间到达乡村级定损理赔点开展工作，力争最短时间完成理赔。

三是不断丰富产品体系，努力提升风险保障水平。近年来，中航安盟保险陆续开发了牦牛目标价格保险、草场火灾保险、牧民人身意外伤害保险、借款人信用保证保险等产品，为牧民提供了从保自然风险到保市场风险、从牦牛养殖到贷款融资，从人身安全到扶贫攻坚等多重保险保障。

四是走科技赋能之路，为牦牛产业发展提供有力支撑。依托生物芯片耳标建立的牦牛保险溯源体系，推动了草原牧区无公害产品、绿色食品、有机食品、畜产品地理标志等"三品一标"畜产品质量建设步伐。养殖户能够更方便地获得银行贷款和利息补贴上的支持；牛奶加工企业可以通过保险公司得到可靠的奶源，避免重复投资；政府部门可以进行全过程食品安全监管，消除公共安全隐患。公司开发的"惠农易保通"App，使用智能手机即可自助查询，办理保险业务。

（十三）中原农业保险聚力建设"大农险"发展格局

1. 服务新型农村集体经济，打造"强集体共富裕"共同体

发展新型农村集体经济是新时代实施乡村振兴战略的重要支撑，为更加有效地调动金融资源，助推农村集体经济发展，中原农业保险从推进土地托管入手，通过资源引入、项目带动、保险保障、金融助力，着力构建以中原农业保险为核心纽带，政府、村集体、农业社会化服务组织"四方联动"的工作机制，打造风险可控、健康可持续的新型农村集体经济发展模式。2021年，该模式首次在安阳市内黄县落地，当年实现西沟村集体当季增收26万元的成绩。2022年，该模式已在河南省11个地级市、19个县（市、区）、31个乡（镇）、56个村落地。

2023年，该模式已为内黄县梁庄镇冯庄村股份经济合作社蔬菜大棚提供208万风险保障，雇主责任保险为该合作社的1 043名

雇员提供 1 800 万元风险保障，补充医疗保险为该合作社 617 名雇员提供 6.17 亿元风险保障，保险为村集体经济产业过程中面临的自然灾害、意外事故等风险进行了兜底，极大地激发了村民发展的内生动力，村民可以参与直接经营，承包大棚，入股分红，就业等方式增加收入，带动就业 1 000 余人，有效实现了集体经济收入和农民收入同步增加。

2. 防止规模性返贫，构建"政府＋保险＋慈善"防贫共同体

为持续巩固脱贫攻坚成果，有效防止致贫和规模性返贫，探索稳定脱贫长效机制，全面服务巩固拓展脱贫攻坚成果同乡村振兴有效衔接，助推地方特色产业发展和服务农业强国建设，河南省扶贫基金会、中原信托、中原农业保险三方通过发挥各自专业优势，联合打造以政府救助为主导、慈善救助为补充、社会力量共同参与的乡村振兴防贫保险新模式，通过设立河南省乡村振兴防返贫保险项目，为监测帮扶对象和特色产业购买政策性防贫保险，有效发挥慈善资金的杠杆作用，实现由"事后救济"向"事前投保"转变，由"财政民生"向"社会民生"转变，由"体制内财政救助"向"体制外风险共担"转变，切实为河南省全面推进乡村振兴贡献公益力量。

在总结政府救助"返贫保"服务经验的基础上，按照"开源节流"的思路，引入慈善机制开拓扶贫资金来源，创新专属产品和充分优化产品组合，建立起菜单式"政府＋慈善＋保险"的防返贫方案。新型防贫保险通过财政、慈善资金或社会捐赠筹集，将以往慈善资金一次性发放的方式转变为持续稳定地帮扶，惠及更多群体，提升防贫覆盖率。

3. 内蒙古"赤城峰味"公共品牌"农业保险＋"保障模式

打造农牧业区域公共品牌，是近年来农牧业现代、产业融合发展的有效举措之一，为助力赤峰市公共品牌建设，有效衔接脱贫攻坚成果，做好草原生态安全屏障，中原农业保险创新开展了敖汉旗小米（谷子）、巴林左旗笤帚苗、阿旗牧草等一批赤峰"赤诚峰味"公共品牌范围内的政策性特色农险试点项目，稳定了特色产业基础，促进了脱贫攻坚成果与乡村产业振兴的有效衔接。

联合地方政府、科研单位、科技公司，累计投资近 100 万元打造智慧农业试点项目，出资建设智慧农业设施，对谷子种植生产过程中的土壤、大气、水分、作物长势等因子进行动态监测、分析，创新开发谷子地理品质气象指数保险、谷子产品质量保证保险，强化敖汉小米品牌的产品质量保障和市场竞争力，促进赤峰市"赤城峰味"区域公用品牌建设。

（十四）太平财险构建"蓝色粮仓"安全网

近年来，各级政府针对海洋强国建设出台系列政策，鼓励引导各行各业参与海洋强国建设。太平财产保险有限公司（以下简称太平财险）在沿海的分公司通过发展海洋保险服务乡村振兴战略具有得天独厚的条件，经过 10 年的探索，在海洋牧场保险方面形成了一套可复制推广的领先模式，打造公司海洋保险的创新名片。

自 2014 年始，太平财险在山东省利用沿海优势推出了海参高温指数保险，后续逐步将保险标的扩大至网箱鱼、虾、贝、海带、牡蛎等海洋养殖产品，经营地区扩大至广东、福建、大连、江苏、广西等沿海地区。截至 2023 年 10 月，在售的海洋牧场类保险产品共计 46 款，海水养殖海洋碳汇指数保险、深远海网箱海产品养殖浪高指数保险等产品和模式在政府和行业均有一定影响力。2019 年 9 月，太平财险积极研发"深海网箱养殖保险＋信贷"农险项目，成功入围农业农村部金融支农创新试点服务采购清单，为长岛"弘祥海洋牧场长鲸一号"和"佳益海洋牧场佳益"2 个国家级海洋牧场提供海水养殖浪高指数保险风险保障 2 500 万元；采用"保险＋信贷"模式，联合恒丰银行等机构为企业提供 600 万元融资支持，成为"深海网箱养殖保险＋信贷"创新农险项目全国首单。2022 年 9 月，太平财险为响应服务国家"海洋强国"战略和"海上福建"品牌建设，充分发挥海洋保险创新优势，积极挖掘深远海产业链保险需求，承保福建乾动海上粮仓科技有限公司"乾动 1号"海鱼养殖平台船建险，落地福建省首单"海洋牧场"保险项目，为客户提供风险保障 2 000 万元/台，助力实体企业不断发展，为企业保驾护航。2022 年 5 月起，太平财险在山东烟台，立足海洋牧场碳汇生态系统，借助卫星遥感影像反演海洋碳汇变化情况，创新研发行业首个政策性海洋贝类碳汇保险，为烟台市海域碳汇生态提供 3 000 余万元的风险保障。

六、农产品期货

（一）中华财险发挥多层次资本市场作用优化"保险＋期货"模式

中华财险与多家期货公司联动贯彻落实中央文件精神，持续推进"保险＋期货"农险经营新模式，与多家期货公司形成了农业风险共担机制，合力打好金融服务"组合拳"。目前，公司"保险＋期货"项目已覆盖新疆、山东、湖南等 23 个省份，覆盖玉米、白糖、大豆、棉花、苹果、天然橡胶、鸡蛋、生猪等品种，项目数量达到 652 个，提供风险保障 130 亿元，通过期货杠杆，促进农户有效规避价格风险，获得可预期的收入保障。

1. 湖南永州生猪"保险＋期货"项目

2021 年 1 月 8 日，生猪期货在大连商品交易所正式挂牌交易，中华保险率先推出生猪价格"保险＋期货"，并在湖南、河南、广东、山东等十余个省份试点，在当年生猪价格下行期，有效帮助生猪养殖户抵御了市场价格风险。2022 年，中华财险继续护航生猪产业，探索打造中华生猪"保险＋期货"典型。湖南永州市政策性与商业性业务联动，全方位建设"保险＋期货＋产业振兴"新路径，永州市 5 个生猪调出大县共获得财政补贴 638 万元，大连商品交易所补贴 382 万元，期货公司补贴 76 万元，农户自缴保费 567 万元。以财政支持资金、交易所支持资金为杠杆，累计为 115 户生猪养殖户的 20.56 万头生猪提供了 4.58 亿元保险保障，共计赔付

1 670 万元，赔付率达到 100.42％，是养殖户自缴保费的 2.95 倍。此外，结合政策性业务经验，永州市在 8 个县开展了商业性生猪"保险＋期货"，险种涵盖生猪价格、猪饲料成本价格和生猪养殖利润保险，累计为 85 户生猪养殖大户的 18.74 万头生猪提供了 2.69 亿元保险保障，共计赔付 807 万元，赔付率达到 80％，有效帮助养殖户规避生猪养殖市场风险，助力当地支柱产业发展，通过产业带动就业，助力乡村振兴。

2. 保企联动，助力脱贫县优势产业发展

甘肃省庆阳市宁县曾是国家级贫困县，2019 年底实现脱贫摘帽。宁县始终把苹果放在当地农业产业首位，创建了以苹果为主导产业的现代农业产业园。但宁县产业发展根基不稳，农户风险抵御能力不强，苹果价格的波动，深深影响当地苹果产业生产经营收益，影响苹果种植户的收入水平。为了助力宁县苹果产业发展，在甘肃省各级政府、郑州商品交易所等多方支持下，中华财险携手南华、东海、中粮、大地 4 家期货公司共同承办宁县苹果价格"保险＋期货"项目，实现精准帮扶，助力脱贫县优势产业发展，推动脱贫攻坚成果同乡村振兴有效衔接、平稳过渡。该项目总计承保面积约 2.7 万亩[①]，参保农户约 1 500 户，合计总保费约 1 450 万元。其中，引入郑州商品交易所资金 700 万元，地方各级政府、期货公司、保险公司合计补贴 560 万元，农户自缴 190 万元。到期赔付约 1 000 万元，农户每亩可获赔约 370 元，约合自缴保费的 5.3 倍，较好地保障了果农收益，提振了种植信心。

（二）郑商所探索甜菜"保险＋期货"支农新模式

为满足农户急需风险管理工具的需求，2021 年，郑州商品交

---

① 亩为非法定单位，1 亩＝1/15 公顷。

易所（以下简称郑商所）结合自身品种特点，以贴近农业经营主体需求和品种产业特征为导向，组织"保险＋期货"模式优化，启动甜菜"保险＋期货"项目模式，更精准地为甜菜产业提供价格保障。

2021—2022年，郑商所在新疆昭苏县和兵团九师两地共支持开展了4个甜菜"保险＋期货"项目，在白糖均价低于生产成本、种植面积持续萎缩、地方产业发展面临困难的关键时期，试点项目顺利开展有效保护了甜菜种植户的生产积极性，稳定了地方甜菜产业基本盘，保供稳收成效显著。2023年甜菜"保险＋期货"项目在传统"保险＋期货"的模式上，结合当地实际情况进行了创新，将新疆当地甜菜产业特有的订单收购模式与"保险＋期货"模式进行有机结合。引入"订单＋保险＋期货"模式不仅在糖价下跌时可为农户种植收益进行兜底，还能在糖价上涨时帮助农户获得收益，有助于提高农户种植积极性，促进当地甜菜产业的良性发展。

（三）格林大华新疆棉花"套期保值＋信贷"项目

格林大华期货有限公司（以下简称格林大华）与中国农业发展银行共同合作，展开集农产品收购贷款与价格风险管理于一身的"套期保值＋信贷"项目（以下简称"保值贷"），于2020—2021年挑选少量棉花企业进行试点，2021—2022年进行改进，并扩大试点范围。"保值贷"在切实解决农业企业贷款难题、银行信贷风险的过程中，参与方均取得了经济效益，实现了多方共赢。

"保值贷"由贷款发放银行（放贷方）、贷款农业企业（新疆中小棉花轧花厂、棉花收购企业等贷款方）、期货公司（期货仓单操作及协助监管方）共同协作完成。具体的业务流程为：①中国农业发展银行筛选棉花企业纳入"保值贷"合作项目，银行、企业与格林大华签订三方合作协议；②棉花企业向中国农业发展银行申请项目贷款，银行对企业核定项目贷款额度；③棉花企业在格林大华开立期货账户；④棉花企业用中国农业发展银行的项目贷款收购籽棉，加工成皮棉，将皮棉入库到全国棉花交易市场的监管库，生成监管仓单，并接受仓库监管；⑤棉花企业提交全国棉花交易市场棉花监管仓单出库材料，将皮棉转移至郑州商品交易所指定交割仓库，并提交标准仓单注册材料，由格林大华协助棉花企业向郑州商品交易所提交棉花标准仓单注册流程、完成棉花标准仓单的注册生成；⑥格林大华为企业申请套期保值额度，企业运用棉花期货及相关衍生品工具进行价格风险管理；⑦企业销售棉花标准仓单前，向银行提交棉花出库材料，银行批复后，格林大华协助企业进行标准仓单交割、转让或注销，企业完成棉花销售，企业期货市场平仓了结，销售回款还款至中国农业发展银行。

"保值贷"项目有效地解决了棉花企业风险管理工具使用不当可能发生风险的问题，加深了企业对用期货期权等金融衍生品工具的理解与应用，有效避免了"谷贱伤农"的情况出现；同时，解决了银行发放贷款时对金融衍生品的不信任，以及因价格波动对企业偿还贷款能力造成影响的担忧。

七、粮食安全与耕地保护

（一）安华农业保险创新开发黑土地地力指数保险产品

为实现土地增效、粮食增产，安华农业保险以黑土地保护保险产品创新为业务发展突破口，助推黑土地保护工作。2021 年，结合吉林省政府和农户需求，一是研发了黑土地地力指数保险，对于实施保护性耕作的地块进行跟踪监测，如黑土地有机质含量提高，根据保险合同给予资金补偿。二是研发了黑土地保护性耕作玉米收入保险，对于实施黑土地保护过程中由于地上玉米产量、价格等风险造成种植户收入减少，根据保险合同约定进行赔偿。此外，结合政府和农户需求，积极加大商业性黑土地保护产品的研发和推广力度，共计研发产品 7 款，承保区域覆盖长春公主岭、四平梨树、辽源东丰、东辽、松原扶余、白城洮北、延边敦化等省内 6 个地区 7 个县（市、区），实现首创开办，在多个地市获得了 3 年独家首创保护期。累计承保面积 4.2 万亩，为 160 名农户提供近 700 万元的保险保障，切实满足农户的风险保障需求。

（二）锦泰财产保险深耕水稻收入保险

2018 年，为积极服务保障国家粮食安全战略，锦泰财产保险率先推出"保粮惠农贷"项目，在四川地区创新推出水稻收入保险。截至 2023 年 8 月底，已累计提供 5.7 亿元风险保障，支付赔款 1 544.7 万元。该项目获农业农村部金融支农服务创新试点项目资金支持。

水稻收入保险为种粮户提供涵盖自然风险、病虫害防治和市场价格波动的三重风险保障，相较传统种植保险，收入保险将自然风险和市场价格波动统一纳入保障范围，有效解决粮农"丰产不优价""优价不丰产"的问题。同时，创新将病虫害防治的新增成本纳入保障范围，将灾后赔付转变为灾前预防，切实提高粮农田间管理积极性。为保障水稻收入保险顺利落地，锦泰财产保险积极探索"保险＋信贷"和"保险＋科技"创新。一是与银行合作，为被保险人提供保单质押及小额信用贷款服务，最大程度保障种粮大户资金畅通；二是创新将卫星遥感技术引入水稻收入保险产量测定工作中，有效提升服务质量。

（三）国元农业保险探索农业保险助力"多种粮种好粮"

作为专业农业保险公司和安徽农业保险主要经办主体，国元农业保险经过十多年实践，结合经办区域农业生产和保险政策特点，探索出农业保险助力"多种粮种好粮"十大服务举措。为保障国家粮食安全、助力乡村振兴贡献农业保险力量。

一是开展三大粮食作物完全成本保险，稳定种粮"基本盘"。2022年，安徽省开始实行产粮大县三大粮食作物完全成本保险全覆盖，国元农业保险迅速落实政策要求，在经办的51个产粮大县实现年度承保面积8 205万亩，为692万户次农户提供风险保障689亿元，支付赔款近30亿元，受益户次313万户次，在应对2022年安徽省的持续高温干旱灾害和提升受灾农户再生产能力中发挥了不可替代的作用。经办区域内承保覆盖率达到90％以上，明显高于全国平均水平，农户种粮收益得到有力保障，种粮积极性得到稳步提升。

二是开展粮食作物"基本险＋补充性商业保险"，扩大高保障险种覆盖范围。针对非产粮大县积极开展补充性商业保险，承保粮食作物"基本险＋补充性商业险"610多万亩，为80多万户次农户提供风险保障24亿元，支付赔款1.2亿元，受益户次21万户次。粮食作物"基本险＋补充性商业保险"的实施，使得安徽省粮食作物高保障险种覆盖无死角。

三是开展粮食作物制种保险和制种补充保险，助力种业振兴。围绕安徽省种业振兴计划，国元农业保险积极贯彻安徽省委、省政府"2022年种业企业与金融机构融资需求对接会"精神，开展种业振兴保险服务专项行动，全覆盖式对接全省种业企业850多家。杂交稻、常规稻、小麦制种保险每亩保额分别达到1 500元、1 300元和1 200元，承保面积29.5万亩，为875户制种企业提供风险保障1.8亿元，实现应保尽保。

四是推出农业生产大托管"一揽子"综合保险，发挥农业保险托底功能。2022年，安徽省出台《农业生产"大托管"示范推广工作实施方案》，明确提出保险机构提供托底保障。国元农业保险在淮南市开展保险服务农业生产"大托管"工作中，与当地共同探索出以"两委托、两跟进、一托底"（一托底即保险托底）为主要内容的"大托管"模式，受到广泛关注和认可。2022年，服务淮南市托管土地粮食种植面积60多万亩，赔付金额4 242万元，简单赔付率达154％，有力支撑了当地农业生产"大托管"试点工作的稳步推进。同时，创新推出包括雇主责任、产品溯源、产品品质等在内的农业生产大托管"一揽子"综合保险，建立起覆盖托管全过程和人、财、物全方位的保险保障体系，全年提供风险保障5.4亿元。

五是实施蓄滞洪区农业补充保险，稳定蓄滞洪区粮食生产水平。2022年，安徽省开始实施蓄滞洪区农业补充保险，为全国首

创。国元农业保险积极承担经办主体责任，牵头承保包括种、养、林在内的蓄滞洪区全部农业品种，为 10.5 万户次农户提供风险保障 2.85 亿元，为今后蓄滞洪区有效应对特大洪涝灾害建立起一道更为坚实的保险屏障。

六是开展粮食作物天气指数保险，创新保险服务粮食生产模式。2022 年长江流域发生罕见高温热害天气，国元农业保险在安徽省南陵县等地长期开展的超级杂交稻高温热害指数保险发挥了重要的抗风险作用，仅该单一险种当年支付赔款 2 235 万元，受益户次 2 835 户次，简单赔付率 257%。同时，赔付效率明显加快，更为有效地促进了受灾农户快速恢复农业再生产。

七是开展粮油作物"保险＋期货"，拓展保险服务粮油保供稳价功能。2022 年，国元农业保险共开展"保险＋期货"项目 60 余个，涉及玉米、大豆、豆粕、棉花、生猪、猪饲料、鸡蛋等多个品种，为 2.11 万户农户提供市场风险保障 8.16 亿元，覆盖作物种植面积 20 多万亩、生猪 26.6 万头，赔付金额 3 077 万元，受益户次 2.1 万户次。其中，2021 年、2022 年连续两年在安徽省太和县开展整县制推进大豆"保险＋期货"试点，累计承保面积 66 万亩次，理赔金额 1 221 万元，为下一步持续扩大收入保险试点品种和范围积累了经验。

八是开展高标准农田保险，助力"藏粮于地、藏粮于技"。2022 年，安徽省农业农村厅出台《安徽省高标准农田保险试点工作实施方案》，国元农业保险积极参与承办，在滁州、黄山、六安等 6 个已开展高标准农田保险的市均获得经办资格，12 月在黄山区开出首张保单，保额 1 123 万元。开展高标准农田保险是国元农业保险围绕助力"藏粮于地、藏粮于技"战略实施和打造保险服务"多种粮种好粮"措施体系的重要环节与内容。

九是开展农机具和产业链保险，助力粮食稳产稳收。围绕安徽

"机械强农"战略部署，国元农业保险注重发展各类农机设备及粮食产业链保险。2022 年，共计承保农机具 2 000 多台，为 1 800 多户次农户提供风险保障 2.5 亿元。同时，与安徽荃银种业等大型农业企业合作，将保险范围进一步向"产、储、加、运、销"全产业链拓展，为粮食产业链提供全方位保险保障，促进粮食生产既稳产又稳收。

十是开展融资增信服务，延伸农业保险金融支农功能。国元农业保险积极创新金融服务"三农"新机制，充分利用农业保险基层网络健全、联系农户紧密的优势，加强与保险、农担、涉农银行等金融机构的合作，创新推出"助粮贷""农保贷""活体贷"等产品，打造"一码一区""见码放贷"的新型农村供应链金融体系，进一步降低新型农业经营主体融资成本，提高授信额度，延长贷款期限。

参 考 文 献

柴智慧，张晓夏，2023. 农业保险政策渐进式改革与种植结构调整：基于省级数据的实证［J］. 中国农业大学学报，28（10）：275-290.

陈厚基，1991. 农业基础设施建设［M］. 北京：中国科学技术出版社.

陈蕾，2020. "保险＋期货"：农业风险管理的策略与战略［D］. 北京：北京外国语大学.

陈玲玲，白欣迪，曹梦洋，等，2022. 乡村振兴背景下"保险＋期货"模式优化研究：以江苏为例［J］. 现代金融（1）：49-56.

陈燕，林乐芬，2023. 政策性农业保险的福利效应：基于农民视角的分析［J］. 中国农村观察（1）：116-135.

丁钊颖，2023. "保险＋期货"对农业生产的影响研究［D］. 蚌埠：安徽财经大学.

丁志刚，李航，2019. 精准扶贫中的"精神贫困"及其纾解：基于认知失调理论的视角［J］. 新疆社会科学（5）：136-144，154.

董红繁，2017. 期权在我国农业风险管理中的应用［D］. 郑州：河南大学.

杜志雄，韩磊，2020. 供给侧生产端变化对中国粮食安全的影响研究［J］. 中国农村经济（4）：2-14.

郭芸芸，杨久栋，2020. 构建新时代农业风险管理理论与政策体系：中国农业风险管理研究会 2020 年学术年会综述［J］. 保险研究（7）：77-82.

韩秋芳，2018. 对农业风险管理的几点思考［J］. 山西农经（16）：48.

何静，2023. 我国农产品"保险＋期货"模式的路径优化研究［D］. 太原：山西财经大学.

何嗣江，2006. 订单农业发展中金融创新研究［J］. 浙江大学学报（人文社会科学版）（6）：120-127.

何小伟，陈星足，张伟，2023. 我国"保险＋期货"模式的运行机制、国际
　　比较与政策取向 [J]. 农村金融研究 (2)：62-71.

侯代男，王鑫，2023. 农业保险支持乡村振兴发展的理论逻辑与实现路径
　　[J]. 山西大同大学学报（社会科学版），37 (5)：143-147.

侯海波，周尚思，2023. 乡村振兴背景下农村金融的现状、问题与改革路径
　　[J]. 当代农村财经 (10)：57-59.

黄昊舒，曹宝明，2023. 农产品"保险＋期货"模式的风险分担机制及其福
　　利效果：基于农户收入视角的微观分析 [J]. 现代经济探讨 (10)：112-
　　119，132.

纪媛，2018. 我国玉米临时收储政策实施效果评价研究 [D]. 北京：中国农
　　业科学院.

姜春海，1999. 我国农业风险管理的问题与对策 [J]. 湖南经济 (4)：14-16.

金书秦，张峭，2021. 以低碳带动农业绿色转型：中国农业碳排放特征及其
　　减排路径 [J]. 改革 (5)：29-37.

金文成，龙文军，高玺晶，2023. 气候智慧型农业金融的发展和展望 [J].
　　农业发展与金融 (9)：31-33.

李铭，张艳，2019. "保险＋期货"服务农业风险管理的若干问题 [J]. 农业
　　经济问题 (2)：92-100.

李天祥，许银珊，朱晶，2023. 我国农业防灾减灾体系建设：成效、问题与
　　建议 [J/OL]. 山西农业大学学报（社会科学版）：1-10 [2023-10-23].
　　https：//doi. org/10. 13842/j. cnki. issn1671-816X. 2023.06.005.

李侠，2022. 乡村振兴视域下农村供水保障问题分析 [J]. 南方农业，16
　　(6)：167-169.

李小艳，史安玲，2019. 结构化金融促进循环农业与农业保险协同发展：以
　　循环农业风险证券化为契机 [J]. 生产力研究 (4)：34-38，46.

李晓慧，李谷成，高扬，2023. 高标准农田建设能提升农业绿色全要素生产
　　率吗?：基于连续型双重差分的实证检验 [J/OL]. 中国农业资源与区划：
　　1-12 [2023-10-23]. http：//kns. cnki. net/kcms/detail/11. 3513. S. 20231023.
　　1747.017. html.

刘婧，王胜，2023. 农业保险与政府农业防灾减灾工作联动机制探讨［J］. 保险理论与实践（6）：38-49.

刘晓雪，周靖昀，邬志军，2023. 中国"保险＋期货"试点模式演变与实施效果评价研究［J］. 价格理论与实践（8）：158-163.

刘亚洲，仲嘉玮，钟甫宁，2022. 替代还是互补：现行政策性农业保险与气象指数保险关系研究［J］. 保险研究（1）：49-63.

龙文军，2021."十四五"时期的农业保险：趋势判断、总体思路与保障机制［J］. 中国保险（2）：8-13.

龙文军，郭军，2022. 农业保险在乡村振兴中的使命和担当［J］. 中国保险（2）：21-23.

龙文军，靳琛，2020. 农业保险助推普惠金融的实现路径［J］. 农业发展与金融（6）：42-44.

龙文军，李至臻，2019. 农产品"保险＋期货"试点的成效、问题和建议［J］. 农村金融研究（4）：19-24.

龙文军，刘琳，2021. 农业保险的新实践和乡村振兴的新需求［J］. 农村金融研究（12）：8-13.

龙文军，刘颖，2022. 守护"特色甘味"：甘肃兰州市探索落地气象指数保险［J］. 农村工作通讯（3）：56-57.

陆宇，易福金，王克，2023. 农业保险市场竞争强度与风险保障水平：基于寻租视角的分析［J］. 中国农村观察（5）：104-125.

罗婷婷，2023. 农业保险与农业信贷协同增收减贫效应及区域异质性研究［D］. 蚌埠：安徽财经大学.

秦小海，高飞，陈方，2022. 新型农业经营主体应该如何掌握"保险＋期货"管理农业风险［J］. 中国农民合作社（8）：33-35.

邵全权，刘宇，2023. 农业风险冲击、农业保险保障与农村居民收入不平等［J］. 财经研究，49（7）：78-92.

谭偲凤，陶建平，贺娟，2023. 政策传播视角下农业保险购买行为研究［J］. 华中农业大学学报（社会科学版）（5）：66-76.

王韧，陈嘉婧，周宇婷，等，2023. 农业保险助力农业强国建设：内在逻辑、

障碍与推进路径 [J]. 农业经济问题 (9)：110-123.

王小虎，程广燕，周琳，等，2018. 未来农产品供求调控重点与思路途径 [J]. 农业经济问题 (8)：107-115.

翁可欣，熊涛，尚燕，2023. 市场风险经历与投保意愿：基于"保险＋期货"试点的实证研究 [J]. 世界农业 (8)：101-112.

吴学明，何小伟，2023. 农作物收入保险的数据要素探析和建设展望 [J]. 保险理论与实践 (8)：58-77.

徐婷婷，孙蓉，2022. 政策性农业保险能否缓解贫困脆弱性：基于典型村庄调研数据的分析 [J]. 农业技术经济 (2)：126-144.

杨久栋，于小君，郭芸芸，2021. 从战略高度重视农业风险管理：农业风险管理与金融创新理论研讨会成果综述 [J]. 保险理论与实践 (2)：130-137.

尹成杰，2021. 后疫情时代粮食发展与粮食安全 [J]. 农业经济问题 (1)：4-13.

尹成杰，2022. 新时代新征程粮食发展和安全的根本保证 [J]. 农村工作通讯 (23)：15-19.

曾玉珍，穆月英，2011. 农业风险分类及风险管理工具适用性分析 [J]. 经济经纬 (2)：128-132.

张红宇，2020a. 2020 年农业农村经济面临四大问题：由新冠肺炎疫情引发的形势判断 [J]. 中国农村金融 (11)：42-44.

张红宇，2020b. 牢牢把握农业产业安全的主动权 [J]. 乡村振兴 (11)：20-22.

张红宇，2020c. 粮食总量、产业安全与农业风险管理 [J]. 中国农村金融 (18)：37-39.

张红宇，2021. 牢牢掌握粮食安全主动权 [J]. 农业经济问题 (1)：14-18.

张红宇，2022. 加速政策落地　牢把粮食安全主动权 [J]. 中国农村金融 (5)：15-18.

张红宇，2023a. 农业强国的全球特征与中国要求 [J]. 农业经济问题 (3)：13-20.

张红宇，2023b. 强国农业：多元服务与金融支撑［J］. 中国农村金融（3）：39-43.

张红宇，董忠，江炳忠，2020. 农业保险要着力提升风险管理能力和服务能力［J］. 中国保险（8）：5.

张林，贺宝玲，2023. 农村金融服务农业强国建设：现实困境与突破路径［J/OL］. 农林经济管理学报：1-11［2023-10-30］. http：//kns. cnki. net/kcms/detail/36. 1328. F. 20231008. 1524. 002. html.

张鹏洲，2023. 数字经济赋能智慧农业发展的现实困境与优化路径［J］. 农业经济（9）：20-22.

张峭，李越，2021. 打好金融"组合拳"助力农产品保供稳价［J］. 中国农村金融（16）：8-10.

张若焰，2020. 风险冲击、金融应对行为与农户收入的关系研究［D］. 杨凌：西北农林科技大学.

张思远，2022. 乡村振兴视域下农村公路建设与提升策略［J］. 交通企业管理，37（1）：95-97.

张玉梅，龙文进，2023. 大食物观下农业产业链韧性面临挑战及提升对策［J］. 中州学刊（4）：54-61.

赵思健，2023. 推进风险模型系统建设，强化农业保险的风险管理［J］. 农业展望，19（6）：77-87.

赵阳，2022. 从防灾减灾到农业保险：中国共产党农业风险治理的经验和启示［J］. 保险研究（11）：3-9.

郑沃林，纪倩，2020. 农业风险管理体系的思考：基于气候变化和新型冠状病毒肺炎的视角［J］. 经济界（6）：90-96.

中国气象局国家气候中心，2023.2022 年中国气候公报［EB/OL］.（2023-03-24）　［2023-10-26］. https：//www. cma. gov. cn/zfxxgk/gknr/qxbg/202303/t20230324_5396394. html.

朱俊生，张峭，2022. 科技运用促进农业保险高质量发展［J］. 中国保险（4）：22-27.

附　　录

一、2022 年以来中国农业风险管理大事记

2022 年 3 月 8 日，针对冬小麦晚播、苗情弱的不利影响，中央财政下达农业生产和水利救灾资金 16 亿元，各级农业农村部门组织落实小麦"一喷三防"补贴政策，支持河北、江苏、安徽、山东、河南等 22 省（自治区、直辖市），对小麦生长期喷施杀虫剂、杀菌剂、植物生长调节剂、叶面肥混合剂等"一喷三防"措施给予补助，以防农作物病虫害、防干热风、防早衰，促进小麦稳产和全年夏粮增产 28.7 亿斤[①]。

2022 年 3 月 11 日，根据党中央、国务院决策部署，中央财政下达资金 200 亿元，对实际种粮农民发放一次性补贴，缓解农资价格上涨带来的种粮增支影响，稳定农民收入，调动农民种粮积极性。

2022 年 4 月 2 日，中国农业风险管理研究会与中华联合保险集团联合举办"乡村振兴大讲坛·名家 20 讲"系列活动，旨在深入学习贯彻习近平总书记关于"三农"工作的重要指示精神和中央一号文件精神，科学研判农业农村经济形势，准确把握乡村振兴发展机遇与重点任务。截至 2022 年底大讲坛共举办 5 期，邀请了来自中央农办、农业农村部、国内知名高校的权威专家举办讲座，通过微博、微赞、微信公众号、今日头条同步线上直播，累计观看人数达 50 万人次，取得了良好的效果与积极的社会反响。

---

① 斤为非法定单位，1 斤＝0.5 千克。

2022 年 5 月 22 日，根据党中央、国务院决策部署，统筹考虑农资市场价格走势和农业生产形势，中央财政下达资金 100 亿元，再次向实际种粮农民发放一次性农资补贴，支持夏收和秋播生产，缓解农资价格上涨带来的种粮增支影响，进一步调动农民种粮积极性。

2022 年 5 月下旬至 6 月上中旬，我国华南地区遭遇巨大"龙舟水"过程。受其影响，珠江流域连续形成 2 次流域性较大洪水，北江出现 1915 年以来最大洪水，西江、北江、韩江先后发生 7 次特大洪水，局地发生严重城乡内涝和山洪地质灾害等。灾害造成广东、广西 2 省 648.9 万人次受灾，因灾死亡失踪 37 人，紧急转移安置 50.2 万人次；倒塌房屋 9 200 余间，不同程度损坏 2.4 万间；农作物受灾面积 288.4 千公顷；直接经济损失 278.2 亿元。

2022 年 6 月 11 日，中国农业风险管理研究会组织有关专家召开"全球粮食形势与中国粮食安全研讨会"，深入研讨当前全球粮食供给形势和贸易态势，为更好地保障我国粮食安全提出了相关对策建议。会议成果报送农业农村部有关领导决策参考。

2022 年 6 月 14 日，财政部下达农业生产救灾资金 6.73 亿元积极支持粮食等农作物重大病虫害防控工作。资金主要用于支持吉林、黑龙江、江西、湖南、广东、广西等 25 省（自治区、直辖市）购置水稻和玉米病虫、农区蝗虫、红火蚁等农作物重大病虫害防控所需的农药、药械物资，对统防统治作业服务等给予适当补助。积极引导地方及时组织实施生物防治、生态控制等防灾救灾措施，加强监测预警，推进统防统治、联防联控，严防虫害病害扩散传播，减轻农作物重大病虫害对农业生产造成的危害，为保障秋粮丰产丰收提供有力支撑。

2022 年 6 月 24 日，第十三届全国人民代表大会常务委员会第三十五次会议通过《中华人民共和国黑土地保护法》，自 2022 年 8

月 1 日起施行。这是我国首个，也是全球目前唯一一个针对黑土地保护工作的立法，将为保护黑土地资源，稳步恢复提升黑土地基础地力，促进资源可持续利用，维护生态平衡，保障国家粮食安全提供强有力的法治保障。

2022 年 6 月 29 日，中国农业风险管理研究会与中国农业科学院共同主办第十七期中国农业保险论坛暨中国农业风险管理研究会农业保险分会成立仪式，与会专家围绕乡村振兴战略背景下农业保险发展的战略定位、科技创新和发展模式等重要问题展开研讨。

2022 年 7 月 2 日第 3 号台风"暹芭"于 15 时左右在广东电白沿海登陆（台风级，35 米/秒）。登陆后穿过广东、广西、湖南 3 省（自治区），其残余环流继续北上影响我国黄淮、东北等地。造成广东、广西、海南等省 9 个市 165 个县（市、区）186.29 万人受灾，紧急转移安置 7 万余人；倒塌房屋 670 余间，不同程度损坏近 1 400 间；农作物受灾面积 109.01 千公顷；直接经济损失 31.2 亿元。

2022 年 7 月 11—17 日，四川省部分地区遭受多轮强降雨天气，部分地区降暴雨，局地大暴雨，并伴有雷电、阵性大风等强对流天气，引发山洪、泥石流等灾害。造成绵阳、阿坝、雅安等 13 市（州）76 个县（市、区）27.9 万人受灾，因灾死亡失踪 36 人，紧急转移安置 1.4 万人；倒塌房屋近 400 间，不同程度损坏近 2 200 间；农作物受灾面积 3.9 千公顷；直接经济损失 24.8 亿元。

2022 年 7 月 24 日，由中国农业风险管理研究会主办的首届遥感技术应用与农业高质量发展研讨会在京召开。本次会议旨在更好服务政府农业宏观决策，支持农业生产、加工、流通、消费等全链条精准、高效、优质、集约发展，促进资源普查、气象分析、产量监测、农业保险、碳排放与生态保护等相关政策措施落地。

2022 年 7 月底至 8 月上旬，辽宁省中西部、东南部等地出现暴雨到大暴雨，引发洪涝灾害，辽河干流持续超警，支流绕阳河堤防发生决口险情，农业、基础设施等损失较重。灾害造成锦州、阜新、盘锦等 9 市 31 个县（市、区）54.9 万人受灾，紧急转移安置 3.4 万人；倒塌房屋 100 余间，不同程度损坏 8 500 余间；农作物受灾面积 166.4 千公顷；直接经济损失 76 亿元。

2022 年 8 月 16 日，财政部、农业农村部下达内蒙古、辽宁、吉林等 13 省（自治区）农业生产救灾资金 3 亿元，用于对受灾地区在洪涝、干旱、台风灾后购买种子、化肥、农药等所需物资，以及修复灾后农业生产设施等给予补助。

2022 年 8 月 17 日，受持续强降雨影响，青海省多地发生暴雨洪涝灾害，西宁市大通县青林乡、青山乡等地瞬时强降雨引发山洪，道路、桥梁、水利等基础设施受损严重。灾害共造成西宁、海北、海东、黄南、果洛 5 市（州）11 个县（市、区）6.5 万人受灾，因灾死亡失踪 31 人，紧急转移安置 3 300 余人；倒塌房屋 100 余间，不同程度损坏 9 000 余间；农作物受灾面积 5.3 千公顷；直接经济损失 6.9 亿元。

2022 年 9 月 3 日，中国农业风险管理研究会召开了助力脱贫地区农产品产销对接研讨会，活动重点是在脱贫地区特别是国家乡村振兴重点帮扶县择优遴选一批特色优质农产品，每年举办 1 届，以产销对接助推脱贫产业链升级、供应链畅通、价值链提升，长期培育和帮扶支持脱贫地区产业，促进内生可持续发展。

2022 年 9 月 4 日，中国农业风险管理研究会与中华联合保险集团联合主办的"有效应对灾害风险与稳定农业生产研讨会"在京召开，重点交流探讨：在秋粮进入产量形成的关键期，如何科学研判高温干旱趋势及农作物受灾情况，积极采取措施为确保全年粮食丰收赢得主动；如何强化农业生产气象保障服务，运用卫星遥感技术提升灾害天气预警，加强长效防灾减灾能力建设；如何加强节约用水制度，强化水资源管理调度，提高节水抗旱效率。

2022 年 9 月 14 日，农业农村部印发《全国畜间人兽共患病防治规划（2022—2030 年）》（以下简称《规划》）。《规划》为指导各地加强畜间人兽共患病源头防控，理顺防治体制机制，夯实基层防治基础，提升风险防范和综合防治能力，有计划地控制、净化和消灭若干种严重危害畜牧业生产和人民群众健康安全的畜间人兽共患病，维护畜牧业生产安全、公共卫生安全和国家生物安全提供了制度保障。

2022 年 11 月 10 日，中央财政提前下达 2023 年农业相关转移支付 2 115 亿元确保国家粮食安全和重要农产品稳产保供促进农业强国建设。为贯彻落实党的二十大精神，全面落实"全方位夯实粮食安全根基"的要求，增强地方预算编制的完整性，中央财政提前下达 2023 年农业相关转移支付 2 115 亿元，确保国家粮食安全和重要农产品稳产保供，促进农业强国建设。

2022 年 11 月 17 日，农业农村部积极部署应对拉尼娜科学抗灾减损稳产保供工作，要求各地强化风险意识，坚持问题导向，提早准备应对，切实减轻灾害影响，努力赢得粮食丰收主动权，保障蔬菜等"菜篮子"产品稳定供应。

2022 年 11 月 20 日，中国农业风险管理研究会 2022 学术年会暨第二届中国农业风险管理发展论坛在北京举行。本次会议以"推进农业产业安全体系和能力现代化"为主题，深入研判当前和今后一个时期我国农业风险发生与演变趋势，探讨实现农业产业安全体系和能力现代化的实质内涵与重点任务，提出推进农业风险管理技术创新与政策完善的对策策略。会上，中国农业风险管理研究会发布了《中国农业风险管理发展报告 2022》。

2023 年 2 月 15 日，中国渔业互助保险社成立。这是完善渔业风险保障体系的重要安排，标志着我国渔业保险事业进入一个新的发展阶段。

2023 年 4 月 23 日，财政部安排农业生产防灾救灾资金 12.51 亿元支持开展粮食等农作物重大病虫害防控工作。财政部会同农业农村部，下达第一批农业生产防灾救灾资金 12.51 亿元。资金主要用于支持黑龙江、山东、河南、广东等相关省（自治区、直辖市），购置小麦、水稻、玉米病虫在内的农作物重大病虫害防控所需农药、药械等物资，并对统防统治作业服务等给予适当补助。

2023 年 5 月 27 日，中国农业风险管理研究会、华中农业大学、中华联合保险集团在京召开"中国农业风险管理研究会湖北三农保险创新发展研究中心（华中农业风险管理研究中心）"筹备协调会。会议认为，我国河南、山西、安徽、湖北、湖南、江西中部 6 省农业资源禀赋、产业体量、发展阶段相近，在全国现代农业建设和区域经济发展中占有举足轻重的地位。科学研判中部 6 省农业自然灾害、疫病虫害等风险发生趋势，推动农业保险等农业风险管理技术和手段创新，有效管控风险，统筹发展和安全，意义十分重大。

2022 年 5 月 25—30 日，河南省经历为期 6 天的"烂场雨"，此次"烂场雨"持续时间长，从 5 月 25 日开始降雨，到 5 月 30 日基本结束，历时 6 天时间，与豫南地区小麦成熟期高度重合；影响范围广，降雨覆盖全省 17 个省辖市和济源示范区，特别是对河南南部的驻马店、南阳等地影响更大；过程雨量大，全省平均降水量达到 35 毫米，有 11 个省辖市降水量超过 30 毫米，其中商丘 81.3 毫米、周口 55 毫米、驻马店 48.8 毫米。河南省上下积极应对，从 5 月 23 日开始组织豫南成熟地区抓紧抢收，全省雨前共抢收 178 万亩，成熟小麦基本抢收完毕，降雨后又组织抢收 208.3 万亩，累计收获 386.3 万亩，约占全省 8 500 万亩小麦面积的 4.52%，日投入联合收割机 0.47 万台。5 月 30 日，河南省财政紧急下拨资金 2 亿元，专项用于小麦烘干，确保小麦质量、确保颗粒归仓、确保农民收益。

2023 年 6 月 16 日，由中国农业风险管理研究会主办的"乡村振兴大讲坛·名家 20 讲"第八讲在北京东方艾格农业咨询有限公司成功举办。会议认为，在全面推进乡村振兴、加快建设农业强国的进程中，要通过畅通科技界、产业界、金融界，联动科学家、企业家、金融家，充分发挥金融对科技创新和农业产业振兴的支持作用，推动产业链和创新链融合对接，实现"科技—产业—金融"良性循环，促进科技成果及时产业化，形成"资金链赋能创新链、创新链提振产业链、产业链支撑资金链"的正向循环和螺旋式上升的良好发展格局。

2023 年 7 月 9 日，中国农业风险管理研究会、莒南县人民政府联合主办的"精准农业智能装备与技术创新研讨会暨山东（莒南）精准大田作业现场会"顺利举行。会议认为，精准农业是一种基于信息和知识管理的现代化农业生产系统，通过信息技术、智能感知、高新机械装备与现代农业技术相结合，对农业资源、农业投入品和农业生产过程实施精准定位、定时、定量控制，可最大限度地提高农业生产力，是实现优质、绿色、高效农业的必由之路。精准农业包括全球定位、信息采集、遥感监测、传感控制、智能作业等多个系统，是未来农业发展的主攻方向。

2023 年 7 月 13 日，空间信息金融科技论坛在长沙成功举办。论坛聚焦卫星遥感在农业全产业链和农业保险中的应用，聚焦数字技术助力粮食安全和农民增收，并进行充分研讨，共同开启航天强国、农业强国新篇章。

2023 年 7 月 21 日上午，台风"杜苏芮"在西北太平洋洋面上生成。此后其逐渐发展增强为超强台风，于 7 月 27 日傍晚升格为超强台风，于 7 月 28 日上午被中央气象台认定以强台风级（50 米/秒）登陆福建省晋江市沿海，成为有完整记录以来登陆福建第二强的台风。最终于 7 月 29 日在安徽境内减弱为热带低压，旋即被中央气象台停止编号，但其停止编号后的残余环流仍继续北上并对中国北方多地产生影响。仅福建省累计受灾人数就已达 266.69万人，迫使 39.95 万人紧急撤离，另有 16.24 万人被安置在紧急转移点。农作物受灾面积达 37 396.27 公顷，其中农作物绝收面积达1 701.76 公顷。此外，倒塌或严重损坏房屋 3 357 间，一般损坏房屋 14 998 间，直接经济损失高达 147.55 亿元。随后台风"杜苏芮"继续北上，京津冀出现极端降雨，引发洪涝和地质灾害，造成多地发生农田渍涝和作物倒伏，畜禽水产养殖受灾，设施大棚和农田受损，对农牧渔业生产造成严重影响。此次台风共导致我国 77人死亡、35 人失踪、114 人受伤，经济损失超过 1 105 亿元。

2023 年 7 月 30 日，农业农村部启动农业重大自然灾害三级应急响应。针对"杜苏芮"残留云系北上给华北黄淮等地带来强降雨，可能对农业生产造成不利影响，农业农村部在前期已下发预警通知的基础上，启动农业重大自然灾害三级应急响应，要求北京、天津、河北、山西、山东、河南等省（直辖市）加强应急值守，密切监测评估灾情，落实落细防汛救灾措施。提前清理疏通沟渠，检修加固种养设施，排查安全隐患，准备应急排涝机具；组派工作组和科技小分队包县包乡、进村入户，指导灾区及时抢排积水，加强分类管理，科学追肥，强化病虫害防控，促进植株尽快恢复正常生长，对受淹绝收田块因地制宜改种补种短生育期作物，最大限度地减轻灾害损失。

2023 年 7 月 31 日，财政部、农业农村部安排农业生产防灾救灾资金 4.32 亿元，支持河北等 8 省份开展农业水旱灾害救灾和灾后恢复生产等相关工作，资金主要用于对受灾地区农作物改种补种、购置恢复农业生产所需物资等给予补助。

2023 年 8 月，西北太平洋和南海共有 5 个台风生成，分别是 7

号台风"兰恩"、9 号台风"苏拉"、10 号台风"达维"、11 号台风"海葵"和 12 号台风"鸿雁"。2023 年第 6 号台风"卡努"于 7 月 28 日在菲律宾以东洋面上生成，8 月 11 日以热带低压在我国辽宁省庄河市沿海登陆，东北地区多地再度出现强降雨，松辽流域多条河流出现超警戒水位，部分地区出现农田渍涝，辽宁、黑龙江等地共 8.8 万人不同程度受灾，农作物受灾面积 21.5 千公顷，直接经济损失 9.2 亿元。

2023 年 8 月 26 日，由中国农业风险管理研究会、中国化工环保协会联合举办的"中国耕地保护与盐碱地综合利用大会"在京开。本次大会以"粮食安全和农田绿色发展"为主题，多位专家学者齐聚一堂，共同探讨"耕地保护"与"盐碱地治理和综合利用"相关议题。

2023 年 9 月 1 日，财政部、农业农村部下达救灾资金 7.23 亿元支持受灾地区做好水旱灾害救灾、农作物病虫害防治等工作。为贯彻落实中共中央、国务院关于做好防灾救灾工作的决策部署，支持相关受灾地区做好水旱灾害救灾、农作物病虫害防治等工作，财政部、农业农村部下达中央财政农业防灾减灾救灾资金 7.23 亿元。其中，安排抗旱救灾资金 1.26 亿元，支持甘肃、陕西等省份应对农作物因旱受灾，做好农作物改种补种、农业生产抗旱调水等相关工作；安排洪涝救灾资金 2.26 亿元，支持吉林、黑龙江等省份应对台风、强降雨导致的持续洪涝灾情，及时开展农业生产恢复等相关工作；安排水稻病虫害防治资金 3.71 亿元，支持江西、湖南等省份做好稻瘟病、水稻"两迁"害虫等水稻病虫害防治相关工作。

2023 年 10 月 5 日，农业农村部针对福建、广东受台风"小犬"和冷空气共同影响，启动农业重大自然灾害四级应急响应。要求相关省份及时调度反映雨情灾情，组织渔船回港避险，组织动员应急作业服务队和农民抢收已成熟作物，及时排涝散墒，适时组派专家组和农技人员指导落实抗灾救灾和灾后恢复生产措施，确保农（渔）民生命财产和农业生产安全。

2023 年 10 月 15 日，中国农业风险管理研究会农业保险分会第一届年会暨第 19 期农险论坛在山东泰安召开，会议主题为"农业强国背景下的农险强国建设"。本次会议是中国农业风险管理研究会农业保险分会的首届年会，是为贯彻落实农业强国战略部署，更好发挥农业保险在服务农业强国建设目标的作用而召开的一次农业保险盛会，与会专家代表各抒己见、热烈交流、启迪智慧，在思想碰撞中为我国农业保险的高质量发展献计献策。

2023 年 10 月 19 日，农业农村部针对广东、广西、海南受台风"三巴"影响，启动农业重大自然灾害四级应急响应。要求提前加固农业设施、清理沟渠，组织动员应急作业服务队和农民抢收已成熟作物，及时调度反映雨情灾情，组派专家组和农技人员指导落实抗灾救灾和灾后生产恢复措施，确保农业生产安全。

2023 年 10 月 26 日，第十一届国际农业保险大会在成都举行。大会以"农业保险新起点下的机遇与挑战"为主题，立足全面推进乡村振兴、加快建设农业强国的新起点，探讨农业保险发展趋势及应对之法，为农业保险行业可持续发展提供新思路。会上，中国农业国际合作促进会保险金融分会成立。该分会将推动行业自律和规范化管理，并促进农业及保险金融领域融合发展。

二、统计数据

（一）2010—2022 年我国农业自然灾害受灾情况

年份	农作物受灾面积/万公顷	农作物绝收面积/万公顷	自然灾害直接经济损失/亿元	自然灾害受灾人口/万人次	自然灾害受灾死亡人口/人
2010	3 742.6	486.3	5 339.9	42 610.2	6 541
2011	3 247.1	289.2	3 096.4	43 290.0	1 014
2012	2 496.2	182.6	4 185.5	29 421.7	1 530
2013	3 135.0	384.4	5 808.4	38 818.7	2 284
2014	2 489.1	309.0	3 373.8	24 353.7	1 818
2015	2 177.0	223.3	2 704.1	18 620.3	967
2016	2 622.1	290.2	5 032.9	18 911.7	1 706
2017	1 847.8	182.7	3 018.7	14 448.0	979
2018	2 081.4	258.5	2 644.6	13 553.9	589
2019	1 925.7	280.2	3 270.9	13 759.0	909
2020	1 995.8	270.6	3 701.5	13 829.7	591
2021	1 173.9	163.3	3 340.2	10 731.0	867
2022	1 206.8	135.0	—	—	—

数据来源：中国统计年鉴。

（二）2021 年我国各地区农作物自然灾害受灾情况

地区	农作物受灾面积/万公顷	旱灾受灾面积/万公顷	洪涝、地质灾害和台风受灾面积/万公顷	风雹灾害受灾面积/万公顷	低温冷冻和雪灾受灾面积/万公顷	经济损失/亿元
北京	1.5	—	0.4	1.1	—	13.0
天津	0.6	—	0.2	0.1	0.3	5.4
河北	38.9	—	21.2	15.7	2.0	102.4
山西	116.3	62.7	33.1	15.1	5.5	231.0
内蒙古	128.4	33.6	52.1	42.2	0.3	76.4
辽宁	24.9	0.8	5.3	17.8	1.0	84.6
吉林	24.5	4.4	13.5	6.6	0.0	13.8
黑龙江	83.2	32.1	40.8	10.2	0.1	57.2
上海	2.5	—	2.4	—	0.1	9.2
江苏	8.8	—	6.4	2.4	—	8.9
浙江	14.9	1.6	12.7	0.0	0.6	124.6
安徽	29.6	—	24.9	4.7	—	31.7
福建	4.7	0.1	3.0	0.2	1.4	32.9
江西	42.1	16.4	17.4	5.5	2.9	46.1
山东	10.9	—	5.1	5.7	0.1	23.1
河南	158.8	1.3	126.9	30.1	0.6	1 322.5
湖北	50.6	—	37.2	13.3	0.1	99.9
湖南	43.6	15.8	27.2	0.6	—	82.4
广东	7.6	3.1	1.8	0.2	2.6	24.1
广西	15.2	9.7	4.8	0.4	0.4	22.8
海南	3.2	0.1	3.1	—	—	10.0
重庆	6.0	0.3	5.3	0.3	0.1	29.8

（续）

地区	农作物受灾面积/万公顷	旱灾受灾面积/万公顷	洪涝、地质灾害和台风受灾面积/万公顷	风雹灾害受灾面积/万公顷	低温冷冻和雪灾受灾面积/万公顷	经济损失/亿元
四川	26.6	0.1	24.4	2.1	0.1	248.7
贵州	14.4	0.7	8.1	5.6	0.0	30.2
云南	52.0	32.5	9.2	6.9	3.3	104.9
西藏	0.7	0.0	0.2	0.4	0.1	8.1
陕西	97.3	49.2	26.9	18.8	2.5	317.3
甘肃	54.8	41.0	4.0	8.6	0.7	67.3
青海	4.5	0.9	0.4	3.2	0.0	45.7
宁夏	37.6	35.2	0.6	1.5	0.4	13.7
新疆	69.2	1.1	2.0	52.2	13.1	52.7

数据来源：中国统计年鉴。

（三）2010—2021 年我国农作物病虫害发生面积

年份	农作物病虫害发生面积/亿公顷
2010	4.8
2011	4.7
2012	5.1
2013	4.9
2014	4.8
2015	4.7
2016	4.5
2017	4.4
2018	4.1
2019	4.0

（续）

年份	农作物病虫害发生面积/亿公顷
2020	4.1
2021	4.1

数据来源：国家统计局、全国农业技术推广服务中心。

（四）2017—2022 年粮食作物病虫害发生面积

年份	水稻/ 万公顷	小麦/ 万公顷	玉米/ 万公顷	马铃薯/ 万公顷	大豆/ 万公顷	其他/ 万公顷
2017	8 040	5 867	6 613	593	647	113
2018	7 220	5 333	6 040	580	693	287
2019	6 973	4 567	5 807	507	700	293
2020	7 567	5 073	5 840	500	673	280
2021	7 100	5 133	6 233	460	647	273
2022	6 173	4 180	5 893	407	807	267

数据来源：全国农业技术推广服务中心。

（五）2011—2020 年我国农作物病虫害造成的粮食损失情况

年份	粮食实际损失量/万吨	实际损失占总产量比/%
2011	1 861	3.3
2012	2 251	3.8
2013	1 914	3.2
2014	1 917	3.2
2015	1 972	3.2
2016	1 709	2.8
2017	1 652	2.7
2018	1 583	1.3

（续）

年份	粮食实际损失量/万吨	实际损失占总产量比/%
2019	1 459	2.2
2020	1 449	2.2

数据来源：全国农业技术推广服务中心。

（六）2010—2022 年我国农业保险保费及赔付情况

年份	农业保险保费/亿元	农业保险赔付金额/亿元
2010	135.9	96.0
2011	174.0	81.8
2012	240.6	131.3
2013	306.6	194.9
2014	325.8	205.8
2015	374.9	237.1
2016	417.7	299.2
2017	478.9	333.4
2018	572.7	394.3
2019	672.5	527.9
2020	814.9	592.5
2021	975.9	720.2
2022	1 219.4	868.9

数据来源：国家统计局。

三、2022 年以来农业风险管理 相关政策文件

关于开展大豆完全成本保险和 种植收入保险试点的通知

财金〔2022〕63 号

内蒙古自治区、黑龙江省财政厅、农业农村（农牧）厅，内蒙古、黑龙江银保监局：

为贯彻落实党中央、国务院决策部署，助力提升大豆种植积极性，促进大豆油料生产，服务保障国家油料供应安全，现就开展大豆完全成本保险和种植收入保险试点有关事项通知如下：

一、基本要求

（一）紧紧围绕全面推进乡村振兴，通过开展大豆完全成本保险和种植收入保险试点，进一步提高农业保险保障水平，稳定农户种豆收益，助力提升我国大豆油料自给率。

（二）开展大豆完全成本保险和种植收入保险试点的地区以及有关农户、农业生产经营组织、承保机构均应坚持自主自愿原则。

（三）试点地区要结合当地财力状况和农业保险发展实际，循序渐进，因地制宜开展试点工作。

二、工作方案

（一）试点期限为 2022 年至 2024 年。

（二）试点地区为内蒙古自治区 4 个旗县和黑龙江省 6 个县，具体由内蒙古自治区、黑龙江省结合当地农业保险业务基础和工作实际等情况确定，并报财政部、农业农村部备案。

（三）保险标的为大豆，保险品种为完全成本保险和种植收入保险，保险保障对象为投保豆农，包括适度规模经营农户和小农户。完全成本保险为保险金额覆盖物化成本、土地成本和人工成本等农业生产总成本的农业保险，种植收入保险为保险金额体现农产品价格和产量、覆盖农业种植收入的农业保险。

（四）原则上，完全成本保险或种植收入保险的保障水平不高于大豆种植收入的 80％。农业生产总成本、单产和价格（地头价）数据，以国家发展改革委最新发布的《全国农产品成本收益资料汇编》或相关部门认可的数据为准。

（五）补贴比例按照《财政部关于印发〈中央财政农业保险保费补贴管理办法〉的通知》（财金〔2021〕130 号）关于种植业保险保费补贴比例的规定执行。

三、保险方案

（一）有关农户和农业生产经营组织 2022 年起可在物化成本保险、完全成本保险或种植收入保险中自主选择投保产品，但不得重复投保。允许村集体组织小农户集体投保、分户赔付。

（二）完全成本保险的保险责任应涵盖当地大豆主要的自然灾害、重大病虫鼠害、意外事故、野生动物毁损等风险。种植收入保险的保险责任应涵盖农产品价格、产量波动导致的收入损失。

（三）注重加强承保机构资质管理。承保完全成本保险或种植收入保险的保险机构应满足《财政部 农业农村部关于加强政策性农业保险承保机构遴选管理工作的通知》（财金〔2020〕128 号）相关要求和银保监会关于农业保险经营条件的监管规定。

（四）承保机构应当公平、合理拟订保险条款和费率，并充分听取当地人民政府财政部门、农业农村部门和豆农代表以及财政部当地监管局的意见。保险条款应当通俗易懂、表述清晰，保单上应当载明保险标的位置和豆农、农业生产经营组织、地方财政、中央财政等各方承担的保费比例及金额。保险费率应当按照保本微利原则厘定，综合费用率不高于 20%。

（五）承保机构应当加强承保理赔管理，对适度规模经营农户和小农户都要做到承保到户、定损到户、理赔到户，因地制宜研究制定查勘定损工作标准，对定损办法、理赔起点、定损流程、赔偿处理等具体问题予以规范，切实维护投保豆农合法权益。在豆农同意的基础上，原则上可以乡镇或村为单位抽样确定损失率。补贴险种不得设置绝对免赔，科学合理设置相对免赔。

四、其他事项

（一）内蒙古自治区财政厅、黑龙江省财政厅要会同有关方面及时制订大豆完全成本保险或种植收入保险试点实施方案，主要内容包括试点地区情况、保险方案、补贴方案、保障措施、农业生产成本收益数据以及其他有必要说明的材料，于 2022 年 6 月 10 日前向财政部报备，并抄送财政部当地监管局。

（二）内蒙古自治区财政厅、黑龙江省财政厅应于 2022 年 6 月 30 日前将开展大豆完全成本保险和种植收入保险试点相关资金申请报财政部。财政部根据预算安排和报送的申请情况，于 2022 年 9 月 30 日前下达当年大豆完全成本保险和种植收入保险试点相关资金，并在下一年度统一结算。以后年度资金申请按照《财政部关于印发〈中央财政农业保险保费补贴管理办法〉的通知》（财金〔2021〕130 号）执行。

（三）内蒙古自治区财政厅、黑龙江省财政厅等相关单位要高度重视大豆完全成本保险和种植收入保险试点工作，精心组织，周密部署，加强试点工作全过程管理，及时总结试点经验，确保试点工作取得实效。执行中如有问题，请及时报告。

（四）本通知自 2022 年 1 月 1 日起施行。

财政部　农业农村部　银保监会

2022 年 5 月 24 日

应急管理部　国家发展改革委　财政部
国家粮食和储备局关于印发
《"十四五"应急物资保障规划》的通知

各省、自治区、直辖市应急管理厅（局）、发展改革委、财政厅（局）、粮食和储备局，新疆生产建设兵团应急管理局、发展改革委（粮食和储备局）、财政局：

　　现将《"十四五"应急物资保障规划》印发给你们，请结合实际，认真贯彻执行。

应急管理部　国家发展改革委

财政部　国家粮食和储备局

2022 年 10 月 11 日

"十四五"应急物资保障规划

　　应急物资保障是国家应急管理体系和能力建设的重要内容。为加强应急物资保障体系建设，提高应对灾害事故的能力和水平，切实保障人民群众生命财产安全，依据《中华人民共和国突发事件应对法》《中华人民共和国国民经济和社会发展第十四个五年规划和2035 年远景目标纲要》《"十四五"国家应急体系规划》等法律法规和政策文件，制定本规划。

　　本规划所称应急物资，是指为有效应对自然灾害和事故灾难等突发事件，所必需的抢险救援保障物资、应急救援力量保障物资和受灾人员基本生活保障物资。其中，抢险救援保障物资包括森林草原防灭火物资、防汛抗旱物资、大震应急救灾物资、安全生产应急救援物资、综合性消防救援应急物资；应急救援力量保障物资是指国家综合性消防救援队伍和专业救援队伍参与抢险救援所需的应急保障物资；受灾人员基本生活保障物资是指用于受灾群众救助安置的生活类救灾物资。

一、现状与形势

（一）应急物资保障现状。

党中央、国务院历来高度重视应急物资保障体系建设。应急物资保障工作的发展是一个渐进过程，与国民经济和社会发展历程密切相关。改革开放后，根据我国灾害事故特征和应急工作需要，设立了中央及地方各级应急物资储备库，建立了应急物资采购和储备制度，有力应对了1998年长江、松花江和嫩江流域特大洪涝，2008年南方部分地区特大低温雨雪冰冻灾害，2008年汶川地震、2010年玉树地震、2013年芦山地震、2014年鲁甸地震等地震灾害，2014年"威马逊"超强台风，2018年金沙江雅鲁藏布江山体滑坡堰塞湖，2019年内蒙古汗马、山西沁源重大森林火灾，2019年"利奇马"超强台风，2019年江苏响水"3·21"特别重大爆炸事故，2020年长江淮河流域特大暴雨洪涝灾害、2021年河南郑州"7·20"特大暴雨灾害等一系列重特大灾害事故。2018年，应急管理部成立后，积极统筹推进应急物资保障体系建设并在救灾时统一调度，有力有序有效开展灾害事故抢险救援救灾，应急物资保障能力和水平不断提升。

1. 应急物资保障体制机制法制初步建立。初步建立了分类别、分部门的应急物资保障管理体制，出台了《中华人民共和国突发事件应对法》《中华人民共和国防汛条例》《中华人民共和国抗旱条例》《森林防火条例》《草原防火条例》《自然灾害救助条例》《中央救灾物资储备管理办法》《中央防汛抗旱物资储备管理办法》等相关法律法规、政策文件，形成了以《国家突发公共事件总体应急预案》和《国家自然灾害救助应急预案》等专项预案为支撑的预案体系，初步构建了应急物资定期采购储备、重特大灾害后紧急调用和应急补充采购、部门协同配合、军地应急联动、省际间应急援助等工作机制。

2. 应急物资储备网络基本形成。建立了辐射全国的中央应急物资储备库，推进了地方应急物资储备库建设。目前，中央层面有国家森林草原防灭火物资储备库、中央防汛抗旱物资储备库、大震应急救灾物资储备库、区域性安全生产应急救援物资储备库；国家综合性消防救援队伍应急物资储备库包括消防救援队伍应急物资储备库、森林消防队伍应急物资储备库；中央生活类救灾物资储备库。省、市、县三级政府不断推进应急物资储备库建设，基本形成了"中央—省—市—县—乡"五级应急物资储备网络。

3. 应急物资储备基础不断夯实。我国应急物资储备规模大幅增加，物资储备品种不断丰富，并根据需要及时调整和补充。目前，中央层面储备有国家森林草原防灭火物资、中央防汛抗旱物资、大震应急救灾物资、安全生产应急救援物资、国家综合性消防救援队伍应急物资、中央生活类救灾物资等应急物资。地方各级政府根据当地经济社会发展水平、灾害事故特点及应对能力，储备有大量地方应急物资。

4. 应急物资储备模式日趋完备。各类应急物资实行分级负责、分级储备，中央和地方按照事权划分承担储备职责，中央主要以实物形式储备应对需由国家层面启动应急响应的重特大灾害事故的应急物资。地方根据当地经济社会发展水平，结合区域灾害事故特点和应急需求，在实物储备的基础上，开展企业协议代储、产能储备等多种方式的应急物资储备。目前，基本形成了以实物储备为基础、协议储备和产能储备相结合，以政府储备为主、社会储备为辅的应急物资储备模式。

5. 应急物资调运能力逐步提升。加强对重特大灾害事故应急物资的调运管理，推动建立了多部门协同、军地联动保障和企业、社会组织、志愿者等社会力量参与机制，探索提升应急物资储备网络化、信息化、智能化管理水平。各代储单位和储备库严格执行24小时应急值守制度，应急救灾期间开通运输绿色通道，提高了应急物资保障效能。

（二）"十四五"时期面临的形势。

"十四五"时期，是我国全面建成小康社会、实现第一个百年奋斗目标后，乘势而上开启全面建设社会主义现代化国家新征程、向第二个百年奋斗目标进军的第一个五年，也是推进应急管理体系和能力现代化的关键时期，应急物资保障工作面临诸多新形势、新任务与新挑战。

1. 党中央对应急物资保障工作提出新的要求。十九届五中全会提出了"十四五"时期经济社会发展的主要目标之一是突发公共事件应急能力显著增强，自然灾害防御水平明显提升。新冠疫情应对中，党中央明确要求健全统一的应急物资保障体系，优化重要应急物资产能保障和区域布局，建立集中生产调度机制，健全国家储备体系，建立国家统一的应急物资采购供应体系，推动应急物资供应保障网更加高效安全可控。

2. 防范化解重大安全风险的压力越来越大。随着我国现代化建设的进程不断加快，工业化和城市化的发展不断加速，受全球气候变化的影响，各类事故隐患和灾害风险交织叠加，影响公共安全的因素日益增多，防灾减灾救灾工作难度加大，维护人民群众生命财产安全的任务更加艰巨。

3. 人民日益增长的美好生活需要对应急物资保障提出更高要求。我国社会主要矛盾为人民日益增长的美好生活需要与不平衡不充分的发展之间的矛盾，人民美好生活需要日益广泛，对应急物资保障时效和水平以及应急救灾物资的品种、质量、款式等提出了更高的要求。

4.应急物资保障存在短板和不足。一是应急物资管理体制机制不完善。应急物资保障尚未建立集中统一、运转高效的管理体制,工作机制不完善,专项法律法规和应急预案支撑不足,缺乏统一的应急物资保障管理平台。二是应急物资储备结构布局还需优化,地方储备能力相对不足。应急物资保障市场和社会作用发挥不够,社会协同参与保障水平较低。三是应急物资产能保障不足。部分重要应急物资产能储备水平不高,缺乏战略性、前瞻性能力储备,现实产能和技术水平相对不足,缺乏应急状态下集中生产调度和紧急采购供应机制。四是应急物资调运能力不足。应对重特大灾害事故的应急物资干线运输和末端投送手段单一、运力不足、效率不高,灾害抢险救援救灾的应急物资调运保障短板较为突出。五是应急物资保障科技化水平不高。全流程精细化管理水平不足,管理信息化手段运用程度不高,管理标准化程度不高。

二、指导思想、基本原则和建设目标

(一)指导思想。

以习近平新时代中国特色社会主义思想为指导,全面贯彻落实党的十九大、十九届历次全会精神和即将召开的党的二十大精神,坚持和加强党的全面领导,坚持以人民为中心,坚持人民至上、生命至上,坚持底线思维和忧患意识,坚持总体国家安全观,以保障人民群众生命财产安全为首要目标,以补齐能力短板为重点突破方向,着力健全统一的应急物资保障体系,不断提高重特大灾害事故的应急物资保障能力和水平。

(二)基本原则。

1.党委领导,政府负责。坚持党委在应急物资保障工作中的领导地位,坚持各级政府的主导地位,加强政府与企业、社会组织等社会力量和公民个人的协同配合,形成党委统一领导、政府依法履责、社会广泛参与的发展局面。

2. 分级负责，属地为主。应急物资保障以地方为主，实行属地化管理，地方承担主体责任，负责组织协调本行政区域内的应急物资保障工作。中央发挥统筹指导和支持作用，协助地方应对重特大灾害事故。

3. 集中管理，统一调拨。发挥中国特色社会主义制度优越性，建立政府集中管理的应急物资保障制度，打破部门、区域、政企壁垒，实行统一指挥、统一调拨、统一配送，确保应急物资调运快捷高效。

4. 平时服务，灾时应急。在保障应急需求的前提下，充分发挥市场机制作用，合理扩大应急物资使用范围，提高应急物资的平时轮换和服务效率。应急期间，启动重大灾害事故应急物资保障相关工作机制，确保应急物资保障有序有力。

5. 采储结合，节约高效。立足需求、服务应急，把储备和采购等环节统一起来，完善应急物资采购机制，开展常态化统筹管理和动态监控，综合运用实物储备、协议储备、产能储备等多种储备方式，提高应急物资使用效率，提升应急物资储备效能。

（三）建设目标。

到 2025 年，建成统一领导、分级管理、规模适度、种类齐全、布局合理、多元协同、反应迅速、智能高效的全过程多层次应急物资保障体系。优化中央政府储备结构布局，整合中央应对重大自然灾害、事故灾难的各类应急物资储备，统一规划管理。中央层面能够满足特别重大灾害事故应急物资保障峰值需求，地方能够满足本行政区域启动Ⅱ级应急响应的应急物资保障需求，并留有安全冗余，重特大灾害事故应急物资保障能力总体提高。

1. 体制机制法制更加健全。建成统一权威、权责清晰、运转高效的应急物资保障体制机制和科学规范的应急物资保障法制体系，形成统一领导、综合协调和各方齐抓共管、协同配合的应急物资保障格局。

2. 储备网络体系更加完善。完善"中央—省—市—县—乡"五级应急物资储备网络，储备品种、规模和布局更加科学合理，应急物资社会化协同保障更加有序，形成中央储备和地方储备补充联动、政府储备和社会储备相互结合、实物储备和产能储备相互衔接的应急物资储备体系。

3. 产能保障能力显著提升。应急物资企业生产能力不断提升，产能区域布局更加优化合理，应急物资协议储备和集中生产调度等机制不断完善，应急期间供应渠道有效拓宽，做到应急物资在关键时刻拿得出、调得快、用得上。

4. 调配运送更加高效有序。健全政府、企业、社会组织等共同参与，统一指挥、资源共享、调度灵活、配送快捷的应急物资快速调配体系，应急物资送达救援救灾一线更加迅速，"最后一公里"物资分发时效性和精准性显著提高。

5. 科技支撑水平显著提高。建成统一可靠、留有接口的应急物资保障信息平台，大数据、云计算、人工智能、区块链、北斗、天地一体等新一代信息技术深入应用，机械化、信息化、智能化水平显著提升，应急物资全程监管、统一调拨、动态追溯、信息共享、决策支持能力全面提高。

	专栏 "十四五"时期中央应急物资保障发展主要指标
1	国家森林草原防灭火物资可同时应对 2 起特别重大森林火灾。
2	中央防汛抗旱物资可同时应对 2 个流域发生大洪水、超强台风以及特别重大山洪灾害。

3	大震应急救灾物资可同时应对 2 起重特大地震灾害。
4	新建或改扩建中央应急物资储备库。
5	第一批中央应急物资 24 小时内运抵灾区（国家森林草原防灭火物资省内 24 小时运抵灾区，省外 48 小时运抵灾区）。
注：中央应急物资储备库包括国家综合性消防救援队伍应急物资储备库、大震应急救灾物资储备库。	

三、主要任务

（一）完善应急物资保障体制机制法制。

1. 完善应急物资保障体制。在中央层面，完善跨部门的应急物资保障领导协调体制，统一协调国家应急物资保障工作。健全中央和地方应急物资投入保障机制，发挥地方各级应急物资保障部门和应急物资管理单位的作用，保证地方与中央应急物资保障和管理工作机制相衔接。

2. 优化应急物资保障中央和地方分级响应机制。坚持分级负责、属地为主的原则，健全应急物资保障中央与地方分级响应机制，落实应急物资分级储备责任。推动建立重特大灾害事故应急物资跨区域协同保障机制，理顺应急物资互助和结算流程，在京津冀、黄河流域、长江经济带、粤港澳大湾区等重点区域和川滇等灾害多发易发区开展试点探索。

3. 健全应急物资保障跨部门合作机制。健全由发展改革部门牵头，应急管理、财政、粮食和储备、工业和信息化、交通运输、铁路、民航等部门共同参与的应急物资保障机制，进一步明确各部门工作职责，建立健全应急物资协同保障和应急联动机制。健全完善应急物资需求计划制定、储备管理、保养维护、协调调度、运输保障、补充更新、回收报废等机制。

4. 健全应急物资保障法律法规、预案和标准体系。加快推动应急物资保障法律法规的制修订，推进应急物资保障领域的专项立法，推动在修改《中华人民共和国突发事件应对法》时完善应急物资保障相关内容，制修订《中央应急抢险救灾物资管理暂行办法（暂定名）》等政策文件。建立完善各级各类应急物资保障预案和紧急调运预案，编制重特大灾害事故应急物资保障专项预案，优化工作流程，建立预案演练和考评机制。研究制定应急物资资产管理制度，明确规范和加强对应急物资资产管理相关要求。建立应急物资保障标准体系，制定完善物资保障相关标准，完善应急物资分类、生产、采购、储备、装卸、运输、回收、报废和补充等相关管理规范。

（二）提升应急物资实物储备能力。

1. 科学确定应急物资储备规模和品种。以有效应对重特大灾害事故为目标，分灾种、分层级、分区域开展各类应急物资的规模需求研究，科学确定并合理调整各级、各类应急物资的储备规模。完善应急物资更新轮换机制。制定适合实物储备的应急物资品种目录，研究出台中央、省、市、县、乡五级储备指导品种目录，并根据社会经济发展现状，进行更新完善，适时引进新技术装备、新材料物资的储备。加强交通不便或灾害事故风险等级高的乡镇应急物资储备。修改完善各类应急物资采购技术规格和参数。强化应急通用物资共用共享共管，补齐高技术、特种专用应急物资的储备短板。各级应急管理部门商财政部门，根据库存物资调用情况明确应急物资年度采购计划，并将所需资金列入财政预算。

2. 优化应急物资储备库布局。充分利用现有国家储备仓储资源，优化中央生活类救灾物资、中央防汛抗旱物资储备库的空间布局。统筹建设国家综合性消防救援、大震应急救灾等应急物资储备库，重点保障人口密集区域、灾害事故高风险区域和交通不便区域，适当向中西部和经济欠发达地区倾斜，建设区域应急救援平台和区域保障中心，提高应急物资生产、储备和调配能力。推动地方各级政府结合本地区灾害事故特点，优化所属行政区域内的应急物资储备库空间布局，重点推进县级应急物资储备库建设。在有条件的地区，依托相关专业应急物资储备库，建设中央和地方综合应急物资储备库。

3. 加强应急物资储备社会协同。积极调动社会力量共同参与物资储备，完善应急物资储备模式。建立社会化应急物资协同储备政策，制定社区、企事业单位、社会组织、家庭等主体的应急物资储备建议清单，引导各类社会主体储备必要的应急物资。针对市场保有量充足、保质期短、养护成本高的应急物资，提高协议储备比例，优化协议储备结构。大力倡导家庭应急物资储备，并将企事业单位、社会组织等储备信息纳入国家应急资源管理平台。

4. 提升应急物资多渠道筹措能力。建立健全应急物资采购、捐赠、征用等管理制度和工作机制。制定应急物资紧急采购管理办法，健全应急采购机制。完善救灾捐赠物资管理制度，建立健全应急物资社会捐赠动员导向和对口捐赠、援助机制，引导捐赠物资点对点供需匹配，建立健全国际援助提供和接收工作机制。研究完善社会应急物资征用补偿标准。

（三）提高应急物资产能保障能力。

1. 提升企业产能储备能力。制定适合产能储备的应急物资品种目录，完善应急物资生产能力调查制度，加强应急物资生产能力的动态监控，建立产能储备企业评价体系。加强应急动员能力建设，选择条件较好的企业纳入产能储备企业范围，建立动态更新调整机制。健全应急物资集中生产调度机制，在重特大灾害事故发生时，引导和鼓励产能储备企业应急生产和扩能转产。

2. 优化应急物资产能布局。开展应急物资产能分布情况调查，分类掌握重要应急物资上下游企业供应链分布。结合区域灾害事故风险以及重要应急物资生产、交通运输能力分布，实施应急产品生产能力储备工程，建设区域性应急物资生产保障基地，优化应急物资生产能力空间布局。培育和优化应急物资产业链，引导应急物资产能向中西部地区转移。

3. 加大应急物资科技研发力度。加强国家级项目资金支持，鼓励建设应急物资科技创新平台，支持应急产业科技发展。发挥重点企业、高校、科研单位等产学研优势，加强核心技术攻关，研发一批质量优良、简易快捷、方便使用、适应需求的高科技新产品，推动应急物资标准化、系列化、成套化。

（四）强化应急物资调配能力。

1. 完善应急物资调配模式。加强区域应急物资统筹调配，强化应急响应期间的统一指挥，深入落实防灾减灾救灾体制机制改革意见，建立健全政府、企业、社会组织共同参与的应急物资调配联动机制，完善调运经费结算方式。运用"区块链＋大数据"优化应急物资调拨方案，打通从应急物资生产、储备到接收、使用之间的快速传递通道，减少应急物资转运环节，有效发挥各类运输力量效能，提高应急物资调配精确性。建成政府主导、社会共建、多元互补、调度灵活、配送快捷的应急物资快速调配体系，应急物资送达救援救灾一线更加迅速。

2. 提升应急物资运送能力。探索建立大型物流和仓储企业参与机制，促进政府和社会物流，以及铁路、公路、水路和航空等运输方式的有效衔接。加强应急物资运输绿色通道建设，完善应急物资保障跨区域通行和优先保障机制，建立铁路、公路、水路和航空紧急运输联动机制，确保应急物资快速运输。大力推动应急物资储备和运输的集装单元化发展，充分发挥综合性国家储备基地作用，提升物资集中储存、高效调运、快速集散能力。推广使用智能机器人、无人机等高技术配送方式。提高和加强运用国家综合性消防救援队伍的应急物资投送能力。

3. 优化应急物资发放方式。制定和完善应急物资发放管理制度和工作流程，完善应急物资发放的社会动员机制。优化应急物资分发监管模式。鼓励物流企业、社会组织和志愿者参与应急物资"最后一公里"发放，应急物资分发时效性和精准性得到提高。

（五）加强应急物资保障信息化建设。

1. 推进应急物资保障数据整合。按照防灾减灾救灾体制机制改革意见，加强政府、企业、社会组织等各类主体的应急物资信息共享，明确数据共享内容和规则。开展应急物资保障数据资源建设，统一应急物资需求、调拨、运输和发放等信息的表达形式，促进多主体、多层级、全流程的信息互联互通，并对医疗卫生等其他类型应急物资信息，预留信息扩充空间和接口。

2. 强化应急物资保障决策支撑能力。利用物联网、大数据和云计算等技术手段，实现应急物资管理的全程留痕、监督追溯和动态掌控。使用人工智能、大数据分析等手段，提升应急物资需求分析精确性，优化应急物资供应路径，提高供需匹配度，为应急物资保障决策提供快速、科学、精确和可视化技术服务。

3. 提升应急物资保障信息化水平。推进应急物资储备库、配送中心等仓储物流设施的机械化、自动化、网络化、信息化建设，提升应急物资存储管理效率和智能化监控水平。着眼智慧化物联网建设，为储备应急物资配备信息化标签，为车辆等运输工具配备定位装置，为分发站点配备应急物资识别设备。

四、重点建设工程项目

（一）应急物资储备项目。

到 2025 年，建立中央储备和地方储备相互补充、政府储备和社会储备相互结合的应急物资储备体系。

项目 1：中央应急物资储备。到 2025 年，国家森林草原防灭火物资、中央防汛抗旱物资储备、大震应急救灾物资、国家综合性消防救援队伍应急物资、中央生活类救灾物资等中央应急物资保持既有储备规模和价值，适当优化结构布局。

项目 2：地方应急物资储备。推进省—市—县—乡人民政府参照中央应急物资品种要求，结合本地区灾害事故特点，储备能够满足本行政区域启动Ⅱ级应急响应需求的应急物资，并留有安全冗余。重点加强中西部和经济欠发达高风险地区地市和县级应急物资储备。推动交通不便或灾害事故风险等级高的乡镇应急物资储备。

项目 3：家庭应急物资储备示范。根据灾害事故风险程度和经济社会发展水平，每年在灾害事故高风险地区选择 2～3 个省份开展家庭应急物资储备示范，形成可复制的家庭应急物资储备建设经验。

（二）应急物资储备库建设工程。

根据灾害事故风险分布特点和应急物资储备库布局短板，优化应急物资储备库地点分布，在改扩建现有应急物资储备库并推动整合的基础上，新建一批应急物资储备库。

项目 1：中央生活类救灾物资储备库建设。推进中央生活类救灾物资储备库新建和改扩建工作。对没有中央救灾物资储备库的省（区、市），充分利用国家现有储备仓储资源，重点在交通枢纽城市、人口密集区域、易发生重特大自然灾害区域增设中央生活类救灾物资储备库。

项目 2：中央防汛抗旱物资储备库建设。统筹利用国家储备仓储资源，科学合理增加中央防汛抗旱物资存储仓容，不断推进储备设施设备和管理现代化。

项目 3：大震应急救灾物资储备库建设。

大震应急救灾物资储备库：依托各省级地震部门和承担应急任

务的直属单位以及国家地震紧急救援训练基地建设，保障每个省份不少于 1 个。

项目 4：国家综合性消防救援队伍应急物资储备库建设。

消防救援队伍应急物资储备库建设：8 个中央级库，分别位于北京、沈阳等地；省级库依托各省级消防救援总队训练与战勤保障支队建设；地市级库位于三类以上消防救援支队所在地市。

森林消防队伍应急物资储备库建设：中央级库，位于海拉尔、成都等地；省级库，位于森林消防总队所在省份；地市级库设在各支队所在地市。

项目 5：推进地方应急物资储备库建设。充分利用现有设施和资源，新建和改扩建应急物资储备库，推动在安全生产重点地区和自然灾害多发易发地区，建设一批省级和地市级综合应急物资储备库。重点加强中西部和灾害事故多发区等薄弱地方应急物资储备设施建设。推进县级应急物资储备库建设，到 2025 年，95％的县级行政单位（不含市辖区）建立应急物资储备库。

（三）应急物资保障标准项目。

开展应急物资保障标准研制、推广和应用示范，推动应急物资保障标准化建设，进一步健全应急物资保障标准体系。修订应急物资分级分类和编码标准。研制和完善储备库建设标准、仓储管理标准、物资技术标准、救援物资配备标准、重要应急物资生产制造标准、信息化建设标准等。

（四）应急物资生产能力提升工程。

探索政府与市场有效合作与协调机制，分门别类梳理应急物资生产企业名录并定期更新，形成包括企业信息、产品规格及产能等供给清单。依托国家应急资源管理平台，搭建重要应急物资生产企业数据库。开展区域布局产能调查等工作，鼓励各地区依托安全应急产业示范基地等，优化配置应急物资生产能力，重点加强西部地区、边疆省区应急物资生产能力建设。对实物储备和常态产能难以完全保障的关键品种应急物资，支持企业加强技术研发，填补关键技术空白，强化应急物资领域先进技术储备。

（五）应急物资调配运送现代化工程。

按照规模适度、布局合理、保障有力、合理利用的原则，充分发挥多主体多模式优势，建立健全应急物资调配运送体系，统一调配应急物资，提高应急物流快速反应能力。依托应急管理部门中央级、区域级、省级骨干库建立应急物资调运平台和区域配送中心。加强应急救援队伍运输力量建设，配备运输车辆装备，优化仓储运输衔接，提升应急物资前沿投送能力。健全应急物流调度机制，提高应急物资装卸、流转效率。增强应急调运水平，与市场化程度高、集散能力强的物流企业建立战略合作，探索推进应急物资集装单元化储运能力建设。

（六）应急物资管理信息化建设工程。

完善应急资源管理平台，为应急抢险救援救灾提供应急物资指挥调度和决策支持服务。加强应急物资保障数据共用共享，整合政府、企业、社会组织等各类主体的数据资源，汇聚中央、省、市、县和社会应急物资保障信息。利用大数据、区块链和物联网等技术手段，开展应急物资生产、采购、储备、调拨、运输、发放和回收全生命周期信息化管理，实现全程留痕、监督追溯和动态掌控。构建应急物资需求预测、供需匹配、智能调拨和物流优化等关键模型算法并实现业务化应用，提升应急物资管理决策支撑能力。

五、保障措施

（一）强化组织领导。

加强规划实施的组织领导和统筹协调。牵头单位要切实履行组织协调职责，参与单位积极配合，细化落实工作责任和建设任务。各地区要将主要任务和建设项目纳入本地区相关规划以及应急体系建设规划，细化落实规划实施工作责任和建设任务。重点建设项目牵头单位要抓紧开展项目可行性研究和项目申报工作，加强项目建设管理，确保项目顺利实施。

（二）多渠道经费保障。

建立健全政府、企业和社会组织相结合的资金投入保障机制，对于政府投入，要按照应急救援领域中央与地方财政事权和支出责任划分改革方案，列入本级预算，支持应急物资体系建设、运行维护和轮换更新等工作。

（三）人才队伍保障。

推进学科建设，支持有条件的高等院校、职业学校开设相关专业，抓紧培养专业技术人才和管理人才。建立健全应急物资保障领域专家库，完善专家技术咨询制度，充分发挥专家决策咨询作用。加强职业培训，提高仓储管理、运输配送等队伍专业化水平和应急物资、设备系统的使用操作能力。建立供应、仓储、运输等重要环节的应急联络人机制。

（四）监督管理和绩效评估。

完善目标评价与过程监测相结合的规划实施评估机制，将规划目标指标和任务落实情况纳入各地区、各有关部门相关领域综合评价和绩效考核范畴，对规划进展情况实施常态化监督管理。组织开展规划实施情况中期评估，及时发现问题并提出改进措施，保障规划顺利执行。

中国银保监会办公厅关于银行业
保险业做好 **2023** 年全面推进
乡村振兴重点工作的通知

银保监办发〔2023〕35 号

各银保监局，各政策性银行、大型银行、股份制银行，各保险集团（控股）公司、保险公司：

2023 年，银行业保险业要以习近平新时代中国特色社会主义思想为指导，全面贯彻落实党的二十大、中央经济工作会议和中央农村工作会议精神，按照《中共中央 国务院关于做好 2023 年全面推进乡村振兴重点工作的意见》部署，坚持稳中求进工作总基调，坚持农业农村优先发展，健全农村金融服务体系，提高农村金融服务质效，为巩固拓展脱贫攻坚成果、全面推进乡村振兴、加快建设农业强国、实现共同富裕提供有力支撑。现就有关事项通知如下：

一、聚焦农业强国建设重点领域

（一）全力保障粮食和重要农产品稳定供给。优先加大对粮食和重要农产品生产的金融投入，重点支持三大主粮、大豆油料和"菜篮子"产品生产，积极服务新一轮千亿斤粮食产能提升行动，助力构建多元化食物供给体系。加强多方联动，探索金融支持高标准农田建设领域的有效模式。强化对种业振兴、农业科技和农机装备等关键领域的金融支持。

（二）切实巩固拓展脱贫攻坚成果。助力守住不发生规模性返贫底线，对有劳动能力、有金融需求的防止返贫监测对象，及时开展金融帮扶。加大对易地扶贫搬迁集中安置区后续发展的金融支持。围绕促进脱贫群众持续增收，着力做好金融支持国家乡村振兴重点帮扶县工作。支持金融机构开展消费帮扶、人才培训等综合性帮扶，切实巩固"两不愁三保障"成果。深入推进脱贫人口小额信贷工作，以乡镇为单位落实主责任银行制度，努力做到"应贷尽贷"，精准用于贷款户自主生产经营，坚决纠正"户贷企用"等违规问题，积极争取地方党委政府支持，做好到期贷款清收工作，切实防范化解信贷风险。

（三）积极投入乡村产业振兴。发挥金融资源引导作用，促进乡村产业提质升级，大力支持脱贫地区优势特色产业发展，带动农民特别是脱贫群众增收致富。重点支持地区主导产业、农产品精深加工、农村物流体系建设、农村电商、文旅休闲服务等新产业新业态。积极支持各类农业园区建设，逐步构建以产业园为引擎、产业集群为骨干的乡村产业发展模式。支持乡村产业数字化发展。

（四）创新支持和美乡村建设。探索金融支持乡村建设的有效途径，推动地方政府创新农村基础设施建设领域综合平衡融资模式，鼓励将符合条件的项目打捆打包按规定由市场主体实施，及时宣传推广成熟融资模式和典型案例。稳步加大对乡村道路交通、医疗养老、教育培训、物流通信、供水供电、清洁能源、人居环境改造等公共服务领域的金融支持，促进乡村人才、文化、生态、组织振兴。探索集体经营性建设用地入市的金融支持方式，深入服务县域城乡融合发展，支持城乡一体化均衡发展。

（五）持续改善新市民金融服务。丰富农民工等新市民群体的专属金融产品，优化金融服务手续流程，依法合规对新市民信用信息进行归集利用，适当降低服务准入门槛，重点为新市民就业创业、住房消费、教育培训、健康养老等提供金融支持。优化乡村消费金融产品和服务，满足进城农民及农村居民对住房、汽车、家电、文旅等方面的消费需求。扎实做好国家助学贷款工作，加强政策宣传解读，提高信贷服务质效，确保对家庭经济困难大学生"应助尽助"。

二、强化农村金融服务能力建设

（六）健全农村金融服务体系。构建层次分明、优势互补的机构服务体系，开发性、政策性银行要聚焦主责主业，强化对农业产业发展、农业农村基础设施建设的支持；大中型商业银行要结合自身优势特点，发挥供应链金融作用，支持农业产业链各经营主体，重点拓展"首贷户"，将自身县域存贷比提升至合理水平；加快农村信用社改革化险，推动村镇银行结构性重组，农村中小银行机构要专注贷款主业、专注服务当地、专注支农支小。各银行要深化内部专营机制建设，保持涉农信贷内部资金转移定价、不良容忍度、尽职免责等倾斜政策力度不减，在授信审批、人员培训、费用安排等方面进一步加大倾斜力度。银行保险机构要以产业振兴为导向，加强区域间经验交流和技术支持，研究发达地区帮扶欠发达地区的具体举措。

（七）创新涉农金融产品和服务模式。银行机构要针对涉农经营主体的融资需求特点，在贷款利率、担保条件、贷款期限等方面制定差异化政策，发展首贷、信用贷以及与生产经营周期相匹配的中长期信贷。银行机构要积极破解农村金融增信难题，拓宽农村合格抵质押品范围，探索丰富增信方式，可将农业保险保单作为增信参考。银行保险机构要加大科技应用力度，提升数字化、信息化服务水平，积极回应群众诉求，换位思考，提升主动服务意识和能力。进一步提高老年人、残疾人等特殊群体金融服务质量，鼓励银行保险机构积极研发专属金融产品，优化应用系统和线上金融服务，对有条件的营业网点开展适老化、无障碍改造。

（八）加强"三农"金融风险管理。加强涉农信贷的贷后管理，重点防范信贷资金被挪用于置换房贷、购买理财等。加强涉农领域信用风险管理，积极化解涉农不良贷款。防止并纠正过度授信、违规收费等行为。加强农村地区金融知识宣传普及力度，银行保险机构在金融产品销售中，要主动向农村消费者充分提示银行理财、投资型保险、信贷挪用等有关风险，提升农村居民对非法集资和金融诈骗的防范意识。

三、提升"三农"领域保险服务质效

（九）推动农业保险扩面增品。提高三大主粮完全成本保险和种植收入保险在粮食主产省产粮大县的业务覆盖面，配合相关部门研究将其逐步拓展至非粮食主产省的所有产粮大县。探索开展大豆、糖料蔗完全成本保险和种植收入保险，鼓励发展渔业保险。因地制宜创新地方优势特色农产品保险，优先支持脱贫地区特别是国家乡村振兴重点帮扶县探索开展。针对都市型农业的风险特点，积极开发风险保障程度高、费率合理、可推广的农险产品。支持农业农村防灾减灾能力建设，完善农业保险大灾风险分散机制。

（十）提升农民人身险保障水平。支持保险机构面向城乡低收入人群、农业转移人口、脱贫群众等，研发投保门槛低、责任适度、价格实惠、条款易懂的意外险、定期寿险和补充医疗保险产品，创新发展各类投保简单、交费灵活、收益稳健、领取形式多样的养老保险产品。认真落实大病保险、医疗救助对脱贫群众的优惠政策，不断完善防止返贫保险。

（十一）改进涉农保险服务质量。优化涉农保险承保理赔服务，努力做到"愿保尽保"、"应赔尽赔"、"快赔早赔"。优化涉农保险合同条款，做到简明、通俗、易懂。缩短农业保险理赔周期，及时支持农业再生产，严禁违规提高农业保险费率、降低保额或设置不合理赔付条件等。依法合规简化农民人身险承保理赔手续，规范农民人身险代理、代办行为。

四、强化监管引领

（十二）稳定加大涉农信贷投入。一是各银行机构要继续单列涉农信贷计划，努力实现同口径涉农贷款余额持续增长，完成差异化普惠型涉农贷款增速目标，加大对粮食重点领域信贷投入。农业发展银行、大中型商业银行要力争实现普惠型涉农贷款增速高于本行各项贷款平均增速。地方法人银行普惠型涉农贷款增速目标由当地银保监局结合辖内实际情况确定。二是大力提升县域金融服务水平，有效满足县域发展的信贷资金需求，重点加大对13个粮食主产区产粮大县的信贷保险投入。银行机构要将新增县域存款一定比例用于当地贷款，努力提升县域存贷比水平。三是保持农村基础金融服务基本全覆盖。按照新型农业经营主体建档评级3年覆盖规划，在前期工作基础上，力争在2023年底实现"能建尽建"，提高授信覆盖面。

（十三）保持脱贫地区金融供给持续增长。一是力争脱贫地区各项贷款余额、农业保险保额持续增长，力争各脱贫县优势特色农产品保险产品数量稳中有增，国家乡村振兴重点帮扶县各项贷款平均增速高于全国贷款增速。二是各政策性银行、大中型商业银行和主要农业保险公司，要努力实现脱贫地区贷款余额、农业保险保额持续增长。国家开发银行、农业发展银行和大型银行要努力实现国家乡村振兴重点帮扶县贷款增速高于本行各项贷款平均增速。

（十四）做好监测考核工作。各银保监局、各银行保险机构要按照附表（见附件）要求，及时、准确、完整报送各项计划及完成情况。各级监管部门要定期开展监测，及时采取提示、通报、约谈等措施，确保各项目标任务保质保量完成。做好粮食重点领域信贷统计，探索建立城镇化信贷支持调查监测机制。

（十五）优化涉农金融发展环境。加强与各级政府部门和农村基层组织的协调联动，深入推动涉农信用信息平台标准化规范化建设，加强农村金融与乡村治理深度融合，提高涉农信用信息的授信转化率。推动完善农村产权流转市场体系。更好发挥政府性融资担保在信息、渠道和增信方面的优势作用。推动有条件的地方政府建立健全涉农金融风险补偿机制。稳步开展金融服务乡村振兴创新示范区规范性建设，破解难题，探索有效服务途径，总结宣传典型经验做法。组织开展金融支持国家乡村振兴重点帮扶县典型案例征集活动。

中国银保监会办公厅

2023 年 4 月 6 日

附表（附件）略。

关于印发《农业防灾减灾和水利救灾
资金管理办法》的通知

财农〔2023〕13 号

各省、自治区、直辖市、计划单列市财政厅（局）、农业农村（农牧、畜牧兽医、渔业）厅（局、委）、水利（水务）厅（局），新疆生产建设兵团财政局、农业农村局、水利局，北大荒农垦集团有限公司、广东省农垦总局：

为加强中央财政农业防灾减灾和水利救灾资金管理，提高资金使用效益，根据《中华人民共和国预算法》等有关法律法规、文件及预算管理相关规定，我们制定了《农业防灾减灾和水利救灾资金管理办法》。现予印发，请遵照执行。此前印发的办法同时废止。

财政部　农业农村部　水利部

2023 年 4 月 7 日

农业防灾减灾和水利救灾资金管理办法

第一章　总则

第一条　为加强农业防灾减灾和水利救灾资金管理（以下称防灾救灾资金），提高资金使用效益，根据《中华人民共和国预算法》等有关法律法规、文件及预算管理相关规定，制定本办法。

第二条　防灾救灾资金是中央财政安排用于支持应对农业生产灾害的农业生产防灾救灾、应对重大动物疫病防控的动物防疫补助、应对水旱灾害的水利救灾三个支出方向的共同财政事权转移支付资金。其中：农业生产防灾救灾支出用于农业灾害预防控制和灾后救灾；动物防疫补助用于重点动物疫病国家强制免疫补助、强制扑杀补助、销毁动物产品和相关物品补助、养殖环节无害化处理补助；水利救灾支出用于水旱灾害救灾。

第三条　本办法所称农业生产灾害指对农、牧、渔业生产构成严重威胁、危害和造成重大损失的农业自然灾害和农业生物灾害。其中：农业自然灾害主要包括干旱、洪涝、高温热害、干热风、低温冷害、冻害、雪灾、地震、滑坡、泥石流、风雹、龙卷风、台风、风暴潮、寒潮、海冰等；农业生物灾害主要包括一类农作物病虫害以及新发现可能给农业生产带来重大损失的农作物病虫害、农业植物疫情、赤潮等。

本办法所称动物疫病是指非洲猪瘟、口蹄疫、高致病性禽流感、H7N9流感、小反刍兽疫、布病、结核病、包虫病、马鼻疽和马传贫等动物传染病。财政部将会同农业农村部，结合工作实际适时对强制免疫、强制扑杀补助病种，销毁动物产品和相关物品种类开展评估并动态调整。

本办法所称水旱灾害包括江河洪水、渍涝、山洪地质灾害、风暴潮、冰凌（含冰雪冻融）、干旱等水旱灾害，以及滑坡、泥石流、山体崩塌、风雹、龙卷风、台风、地震等引发的次生水旱灾害。

第四条　防灾救灾资金实施期限到2025年。财政部会同农业农村部、水利部对防灾救灾资金开展定期评估，根据评估结果确定下一阶段政策实施期限。各级农业农村、水利部门按照财政部门统一要求做好评估工作。

第五条　防灾救灾资金由财政部和农业农村部、水利部共同管理。财政部负责防灾救灾资金中期财政规划和年度预算编制，下达资金预算，组织、指导和实施全过程预算绩效管理，对资金使用和绩效情况进行监督；农业农村部、水利部负责协助编制中期财政规划，提出防灾救灾资金分配建议，对相关基础数据的真实性、准确性负责，指导防灾救灾资金使用，开展绩效目标管理、绩效运行监控和绩效评价等绩效管理工作。

农业农村部负责动物防疫的行业规划编制，指导、推动和监督开展动物防疫方面工作，会同财政部下达年度工作任务，做好资金测算、任务完成情况监督。

地方各级财政部门主要负责防灾救灾资金的预算分解下达、资金审核拨付、组织开展本地区预算绩效管理以及资金使用监督等工作。

地方各级农业农村、水利部门主要负责防灾救灾资金相关规划或实施方案编制、项目组织实施和监督等，研究提出资金和任务分解安排建议方案，做好本地区预算执行，具体开展本地区绩效目标管理、绩效运行监控、绩效评价和结果应用等工作。

第六条 防灾救灾资金根据农业灾害和水旱灾害实际发生情况和防灾需要，以及党中央、国务院有关部署分配拨付和使用管理，突出政策性、及时性和有效性。在全国人大批准预算之前，可根据工作需要，按照有关规定提前安排防灾救灾支出。

第二章 资金使用范围

第七条 农业生产防灾救灾方向的使用范围如下：

（一）农业自然灾害防灾、救灾和恢复农业生产所需的物资材料及服务补助，包括购买燃油、肥料、种子（植物种苗、种畜、种禽、水产种苗）、农膜、农药、兽药、饲草料、植物生长调节剂、进排水设施设备、小型牧道铲雪机具，以及农业生产和畜牧水产养殖设施修复等费用，必要的技术指导培训费、农田沟渠疏浚费、农机检修费及作业费、渔船渔民防灾避险管理费、渔港航标等渔业生产设施设备维护及港池疏浚费用等；修复牧区抗灾保畜所需的储草棚（库）、牲畜暖棚（圈）等生产设施和购买、调运储备饲草料补助等费用。

（二）农业生物灾害防治和恢复农业生产所需的物资材料及服务补助，包括购买药剂、药械、燃油、肥料、种子（植物种苗、水产种苗），应用生物防治、综合防治、生态控制技术，修复诱虫灯等监控设施器械及调运、检疫处理、技术指导培训等费用。

第八条　动物防疫补助支出方向的使用范围如下：

（一）强制免疫方面，主要用于对国家重点动物疫病开展强制免疫、免疫效果监测评价、疫病监测和净化、人员防护等相关防控措施，以及实施强制免疫计划、购买防疫服务等。允许按程序对符合条件的养殖场户实行强制免疫"先打后补"，逐步实现养殖场户自主采购、财政直补；对暂不符合条件的养殖场户，强制免疫疫苗继续实行省级集中采购，探索以政府购买服务的形式实施强制免疫。

（二）强制扑杀和销毁方面，主要用于预防、控制和扑灭国家重点动物疫病过程中，被强制扑杀动物的补助和农业农村部门组织实施销毁的动物产品和相关物品的补助等。补助对象分别为被依法强制扑杀动物的所有者、被依法销毁动物产品及相关物品的所有者。

（三）养殖环节无害化处理方面，主要用于养殖环节病死猪无害化处理等。按照"谁处理补给谁"的原则，补助对象为承担无害化处理任务的实施者。

（四）党中央、国务院确定的支持动物防疫的其他重点工作。涉及重大事项调整或突发动物疫情防控，经国务院或有关部门批准后，补助经费可用于相应防疫工作支出。

第九条　水利救灾支出方向的使用范围如下：

（一）防汛方面用于安全度汛、防凌，水利工程设施（江河湖泊堤坝、水库、蓄滞洪区围堤、重要海堤及其涵闸、泵站、河道工程及设施等）水毁灾损修复及救灾所需的防汛通信、监测预警相关设施设备修复等方面的补助。主要包括开展上述工作所需的物资材料费、专用设备添置费和使用费、通信费、水文测报费、运输费、机械使用费、技术指导培训费等。资金不得用于补助农田水利设施、农村供水设施等与防汛无关的设施修复。

（二）抗旱方面用于支持兴建、修复救灾所需的抗旱水源和调水供水设施、添置提运水设备及运行、实施调水等方面的补助。主要包括开展上述工作所需的物资材料费、设施建设费、专用设备添置费和使用费、调水及旱情测报费、技术指导培训费等。

第十条　防灾救灾资金不得用于基本支出、修建楼堂馆所、各种工资奖金津贴和福利开支、偿还债务和垫资、弥补预算支出缺口等与农业防灾救灾、动物防疫、水利救灾无关的支出。

第三章　资金分配、下达和使用管理

第十一条　根据农业农村部、水利部启动或发布的重大病虫害监测预报、水旱灾害防御应急响应等，以及发生影响范围较大、灾情较重的农业自然灾害和地方防灾减灾救灾需要等，财政部商农业农村部、水利部统筹安排资金用于农业生产防灾救灾、动物防疫补助和水利救灾。

第十二条　各省申请农业生产防灾救灾、水利救灾资金时，由省级财政部门会同农业农村部门或水利部门联合向财政部、农业农村部或水利部申报。申报文件编财政部门文号，主送财政部、农业农村部或水利部。

农业生产防灾救灾、水利救灾资金申报材料中应当包括但不限于灾情基本情况、受灾区域及面积、损失金额、地方投入情况（附资金拨款文号及时间）、申请中央财政补助资金数额、资金用途及防灾减灾救灾措施、本年度已下达的农业生产防灾救灾、水利救灾资金绩效情况（包括但不限于执行进度、使用方向、实施效果）等内容。各省农业农村、水利部门要加强灾情勘察，对申报材料的真实性、准确性负责。农业农村部、水利部可根据工作需要对地方灾损情况抽取核查。

第十三条　防灾救灾资金主要按照因素法分配，并将绩效评价结果（包括但不限于资金执行进度、使用方向、实施效果）、资金使用监管情况等作为调节因素进行适当调节。

农业生产防灾救灾支出方向分配因素及测算：农业自然灾害补助，分配因素主要包括灾情基本情况、受灾农作物种植面积、受灾畜禽数量、饲草料缺口、受灾水产养殖面积及产量、农牧渔业生产设施损毁情况等。农作物受灾，按受灾、成灾、绝收面积测算补助；畜禽和水产养殖受灾，根据灾情程度和因灾损失等给予适当补助。农业生物灾害补助，分配因素主要包括本年度农作物病虫害防治任务面积、上年度病虫害地方防控投入、实际防控面积、病虫害发生率等。农业自然灾害、农业生物灾害灾前预防，根据实际措施、成本、规模等给予适当补助。

动物防疫补助支出方向分配因素及测算：因素根据相关支持内容具体确定，并可根据党中央、国务院有关决策部署和农业发展实际需要适当调整。实行项目管理、承担的相关试点或据实结算的任务，以及计划单列市、新疆生产建设兵团、北大荒农垦集团有限公司、广东省农垦总局等可根据需要采取定额测算分配方式。

其中，对于强制免疫补助，根据畜禽饲养量、单个畜禽免疫补助标准、东中西地区补助系数测算。其中强制免疫补助标准和地区补助系数按照有关规定执行。各省应根据疫苗实际招标价格、需求数量及动物防疫工作实际需求，结合中央财政补助资金，据实安排强制免疫省级财政补助资金，确保动物防疫工作需要。

对于强制扑杀补助、销毁动物产品和相关物品补助，根据强制扑杀畜禽数量、单个畜禽扑杀补助标准、销毁的动物产品和相关物品的实际重量、单种动物产品和物品销毁补助标准、东中西地区补助系数等据实结算，其中扑杀和销毁补助标准、东中西地区补助系数按照有关规定执行，销毁动物产品和相关物品补助经费实行总额上限管理。省级农业农村部门会同财政部门应于每年 3 月 15 日前，向农业农村部和财政部报送上一年度 3 月 1 日至当年 2 月底期间的强制扑杀、销毁的动物产品和相关物品实施情况，以及各级财政补助经费的测算情况，作为强制扑杀、销毁动物产品和相关物品补助经费测算依据。各省级财政部门可会同农业农村部门根据畜禽大小、品种等因素细化补助标准。

对于养殖环节无害化处理补助，根据病死猪无害化处理量（80％）、专业无害化处理场集中处理量（20％）测算，并根据绩效评价结果等合理设置调节系数进行适当调节，测算公式参考：

$$某省资金数 = \frac{该省因素测算资金数 \times 绩效调节系数}{\sum (各省因素测算资金数 \times 绩效调节系数)} \times 资金总额$$

各省应根据养殖环节病死猪无害化专业集中处理量和自行处理量，结合中央财政补助资金，合理安排养殖环节无害化处理地方财政补助资金，确保无害化处理工作需要。

水利救灾支出方向分配因素及测算：分配因素主要包括灾情基本情况、水利工程设施水毁直接经济损失、地方洪涝救灾资金投入、耕地缺墙情况、受旱面积、因旱影响正常供水人口和大牲畜数量、地方调水和其他抗旱投入情况等。其中，洪涝灾害，根据因灾损失和地方投入等给予适当补助；干旱灾害，根据受旱面积、地方调水抗旱投入等给予适当补助。

根据党中央、国务院部署和党中央、国务院领导同志指示批示，对突发农业和水旱灾害处理等特殊事项，可由财政部会同农业农村部、水利部结合灾情实际，采取定额测算分配方式，统筹确定防灾救灾资金具体规模。

各省要在重大灾害发生前后加大灾害预防以及灾后处置和恢复资金投入。中央财政分配资金时，可将地方投入作为考虑因素，对于在应对灾害防灾减灾救灾中未履行投入责任或实际投入明显偏低的，将予以适当扣减。

第十四条　遭受严重农业灾害时，地方各级财政部门要强化支出责任落实，统筹自身财力优先安排资金投入，保障防灾减灾救灾需要。北大荒农垦集团有限公司、广东省农垦总局要积极调整部门预算支出结构筹集资金，并按程序报批。

第十五条　农业农村部、水利部为财政部按规定分配、审核下达资金提供依据。

农业生产防灾救灾支出方向由农业农村部对各省及北大荒农垦集团有限公司、广东省农垦总局上报的申请报告进行审核，其中，用于农业灾害灾前预防的防灾救灾资金，需根据农业、气象等部门预测灾情发生和以前年度灾害实际发生情况以及拟采取的措施等综合分析，并向财政部提出资金分配建议。

动物防疫补助支出方向，由农业农村部根据国家动物防疫补助政策确定的实施范围、畜禽饲养量和各省申请文件等，提出年度资金分配建议，会同财政部根据资金管理需要，制定实施指导性意见，细化管理要求。

水利救灾支出方向，由水利部对各省及北大荒农垦集团有限公司、广东省农垦总局上报的申请报告进行审核，并向财政部提出资金分配建议。

党中央、国务院确定的重大防灾减灾救灾事项，由财政部分别商农业农村部、水利部落实。

第十六条　分配给各省的农业防灾减灾和水利救灾资金，由财政部将预算下达给各省级财政部门，并抄送农业农村部或水利部、省级相关部门及财政部各地监管局。各省要严格规范资金使用，不得超出任务范围安排资金，不得将中央财政资金直接切块用于省级及以下地方性政策任务。

分配给北大荒农垦集团有限公司、广东省农垦总局的防灾救灾资金，支出范围应符合本办法，并纳入中央部门预算管理。

对于农业生产防灾救灾、水利救灾资金，财政部将根据党中央、国务院有关部署，统筹考虑各地灾情发生发展及防灾减灾救灾需要、地方资金申请、农业农村部和水利部资金安排建议等情况，全年分批次下达。

对于动物防疫补助，财政部应当在全国人民代表大会审查批准中央预算后 30 日内将动物防疫补助预算及年度工作任务下达省级财政部门，并同步下达区域绩效目标，作为开展绩效运行监控、绩效评价的依据。其中，强制免疫、养殖环节无害化处理补助，财政部应在每年 10 月 31 日前将下一年度预计数提前下达省级财政部门；强制扑杀和销毁补助，财政部将根据据实结算情况下达预算。

第十七条　防灾救灾资金的支付执行国库集中支付制度有关规定。属于政府采购范围的，应当按照政府采购法律制度规定执行。

第十八条　地方各级财政、农业农村、水利部门应加快预算执行，提高资金使用效益。省级财政下达预算文件应抄送财政部当地监管局。纳入直达资金管理范围的，按照有关要求做好备案工作。结转结余资金按照有关规定处理。

第四章　绩效管理与资金监督

第十九条　地方各级财政部门和农业农村、水利部门应在确保防灾救灾资金使用管理及时、有效的前提下，结合防灾减灾救灾工作实际，进一步优化完善绩效评价指标体系，强化资金绩效管理效能。将政策制度办法制定、灾损核实、政策实施效果等纳入绩效评价范围。财政部将会同农业农村部、水利部进一步加强绩效评价结果应用，优化资金配置，提高资金使用效益。

　　第二十条　申请农业防灾减灾和水利救灾资金时，要根据申请资金额度、补助对象、使用方向等同步研究绩效目标，以提高资金分解下达效率。能够事先确定绩效目标的，要做到绩效目标连同资金预算一同申报、一同审核、一并下达。结合防灾减灾救灾工作的紧急性和特殊性，对确难事先确定绩效目标的，财政部可不同步下达区域绩效目标，由省级财政、农业农村、水利部门在资金下达60日内将填报的区域绩效目标报财政部、农业农村部或水利部备案。

　　第二十一条　地方各级财政部门和农业农村、水利部门，应加强绩效运行监控和评价，确保资金安全有效。预算执行中，重点监控资金使用是否符合预算批复时确定的绩效目标，发现绩效运行偏离原定绩效目标时，及时采取措施予以纠正。要按年度对绩效目标完成情况组织开展绩效评价，及时将绩效自评结果上报财政部、农业农村部或水利部，抄送财政部当地监管局。

　　第二十二条　地方各级财政部门和农业农村、水利部门应当加强对防灾救灾资金的申请、分配、使用、管理情况的监督。

　　农业生产防灾救灾、水利救灾资金，实行项目台账管理。地方各级财政部门要会同农业农村、水利部门充分运用资金监督管理平台，加强资金日常监管，及时发现、纠正问题。地方各级财政部门和农业农村、水利部门要建立工作台账，将资金支持内容、工程实施方案、补助对象、补助金额、采购票据等留存备查；要建立防灾救灾资金执行与使用情况定期调度、报送机制，资金下达3个月后，向财政部、农业农村部或水利部报送资金执行进度及支持内容，各省报送情况将纳入绩效评价管理。农业农村部、水利部要适时抽取核查相关受灾地区上报情况及数据，发现问题及时纠正。

　　对于动物防疫补助，各级农业农村部门应当组织核实资金支持对象的资格、条件，督促检查工作任务完成情况，为财政部门按规定标准分配、审核拨付资金提供依据，对不符合法律、行政法规等有关规定，政策到期，以及已从中央基建投资等其他渠道获得中央财政资金支持的项目严格审核，不得申请动物防疫补助资金支持。同时，省级财政部门会同农业农村部门，根据本办法和财政部、农业农村部下发的工作任务和绩效目标，结合本地区动物防疫实际情况，制定本省年度资金使用方案，于每年 6 月 30 日前以正式文件报财政部、农业农村部备案，抄送财政部当地监管局。

财政部各地监管局根据职责和财政部的授权，监控防灾救灾资金在属地执行情况，向财政部反映发现的问题，提出意见建议。根据财政部的统一安排，适时开展重点绩效评价，跟踪绩效评价结果应用情况并督促落实。

第二十三条　地方各级财政部门和农业农村、水利部门，要建立内部控制机制，强化流程控制，依法合规下达预算、分配和使用资金。

第二十四条　防灾救灾资金使用管理应当全面落实预算公开有关要求，严格落实信息公开制度，省、市、县三级财政资金分配结果一律公开，明确信息公开平台及方式；乡（镇）资金安排使用情况一律公示公告，主动接受群众和社会监督。各省级财政部门和农业农村、水利部门要对公开公示工作进行指导，畅通群众信息反馈途径，及时处理群众举报问题。

第二十五条　地方各级财政、农业农村、水利部门等有关部门、单位及其工作人员，在防灾救灾资金分配、使用管理工作中，存在违反规定分配或使用防灾救灾资金行为，以及其他滥用职权、玩忽职守、徇私舞弊等违法违规行为的，依法追究相应责任。

资金使用单位和个人滞留截留、虚报冒领、挤占挪用防灾救灾资金，以及存在其他违反本办法规定行为的，依法追究相应责任。

第五章 附则

第二十六条 地方各级财政部门要会同农业农村、水利部门，根据本办法，结合当地工作实际，总结资金管理使用经验做法，制定具体实施细则，加强资金监管、优化绩效管理，增强政策及时性、有效性，并报送财政部和农业农村部、水利部备案，抄送财政部当地监管局。

第二十七条 本办法所称省级、各省是指省、自治区、直辖市、计划单列市和新疆生产建设兵团。地方各级财政部门包括新疆生产建设兵团各级财政部门。

第二十八条 本办法由财政部会同农业农村部、水利部负责解释。

第二十九条 本办法自 2023 年 4 月 7 日起施行。《农业生产和水利救灾资金管理办法》（财农〔2022〕79 号）同时废止。